일상에서 15°쯤 비켜난 자리에서,

15°

15°

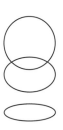

미묘한 차이

글·그림 김하나

Ć
청림출판

15°

미묘한 차이
사용안내서

이것은 읽는 책이 아니라 쓰는 책입니다.

메모를 하고 그림을 그리고, 질문에 답을 찾아보세요.

한번에 다 읽고 꽂아 두지 마세요.

그건 이 책을 가장 못 쓰는 방법입니다.

되도록 지니고 다니면서, 날짜를 쓰고,

하루에 하나의 질문에 대해서만 생각하세요.

이것은 생각하는 법에 대한 책입니다.

주의 깊게 수집한 사례들을 세심하게 배치한 책입니다.

자연스럽게 브랜딩의 기본을 습득할 수 있는 책입니다.

세상에 흩뿌려진 아이디어의 씨앗들을 모아 놓은 책입니다.

이 책은 당신이 쓰는 것에 따라 다른 모양으로 만들어집니다.

첫 장에 서명을 하시기 바랍니다.

이 책의 저자는 제가 아니라 당신이니까요.

#1

출판사 이름이 '펭귄'으로 정해지자, 당시 신입사원이
던 스물한 살 에드워드 영은 바로 런던 동물원에 가
서 펭귄이 취할 수 있는 모든 각도와 포즈를 스케치해
왔습니다. 그렇게 최초의 펭귄북스Penguin Books **로고**
가 탄생합니다.

알고 있는 동물 로고를 떠올려 보세요.
(이를테면 푸마PUMA나 두산베어스 같은.)
그리고 그 동물이 왜 그런 자세를 취했는지,
그래서 당신에게 어떤 느낌을 주는지 생각해 보세요.

당신을 상징하는 동물 로고를 만든다면
어떤 동물이 좋을까요? 이유는 무엇입니까?
또 그 동물은 어떤 자세를 취하고 있을까요?

#2

사우나로 유명한 핀란드에는 **버거킹-스파**Burgerking-
spa도 있습니다. 사우나에서 뜨끈히 몸을 데워가며
먹는 와퍼는 꽤나 맛있을 것 같네요.

최근에는 책과 술을 결합한 서점들도 있지요. '치맥'처럼 '북맥'이
라는 말도 있습니다. 책을 꼭 맨정신에만 읽으란 법은 없지요. 이
처럼 행위 또는 장소에 의외의 음식을 결합하면 재미있는 결과가
나옵니다.

미니 당근은 작은 당근 품종이 아니라 미국의 한 농부가 못생기고 치인 당근을 깎아서 만든 발명품입니다. 초히트 상품이 되어 당근 판매량이 8배나 뛰어올랐다지요.

크기를 키우거나 작게 바꿔보는 것만으로도 좋은 발명품이 탄생합니다. 저희 동네 슈퍼에는 수박을 4분의 1 크기로 잘라 파는데 들고 오기에도 편하고 냉장고도 덜 차지해서 좋답니다. 휴대폰보다는 크고 노트북보다는 작은 아이패드의 탄생도 따지고 보면 기존에 없던 크기를 만들어낸 것이지요.

자, 평소 쓰는 물건 중에
'이것보다는 좀 작았으면',
'이것보다는 좀 컸으면' 싶은 것이 있나요?

거기에 새로운 가능성이 있습니다.

#4

교토 '야사카 택시ヤサカタクシ−'의 로고는 클로버입니다. 그런데 1400대의 야사카 택시 중에서 단 네 대만이 **네잎클로버**를 달고 있습니다. 사람들은 은연중에 보물찾기 하듯 길에서 이 행운의 택시를 찾아보게 됩니다.

'레어템', 즉 희소가치가 있는 품목은 남다른 가치를 갖게 됩니다.
(그 레어템에 마침 행운의 상징까지 더해진다면 더 사랑받겠지요.)

당신이 가진 레어템에는 어떤 것이 있습니까?

왜 그걸 갖고 싶었는지 한번 생각해 보세요.

리모와Rimowa의 스포츠 라인은
보통의 여행 가방과 달리 단면
이 **정사각형**입니다. 신발 상자
나 위스키 상자 등을 눕히지 않
고 넣을 수 있어 편하다는군요.
보기에도 스포티하고 예쁩니다.

기존의 관습적인 비례에 의문을 가져 보세요. 아트디렉터 디자페디가가 적은 애피쇼이의 'Born Hater' 뮤직비디오는 스마트폰의 화면 비율에 맞춰 세로 길이가 훨씬 길어가 깁니다. 당신이 비례를 바꾼다면 무엇을 어떻게 바꿔볼 수 있을까요?

#6

올여름 차코Chaco 샌들을 사서 잘 신었습니다. 차코는 **하나의 끈**을 독특한 방식으로 꿰어서 각자의 발에 딱 맞게 조일 수 있고, 물속에서도 벗겨짐 없이 자유롭게 활동할 수 있는 샌들이지요.

복잡한 기능이 단 하나의 끈으로 명쾌하게 정리되었습니다. 이미 우리에게 익숙한 복잡한 장치들이 꼭 필요한 것일까요? 방식을 달리하면 훨씬 더 단순해질 수 있는 건 아닐까요? 애플의 제품군은 여러 버튼을 만드는 대신 단 하나의 버튼을 돌리거나, 길게 누르거나, 여러 번 누르는 등 다양한 방식으로 사용하게 해 디자인을 획기적으로 심플하게 바꾸어 놓았지요.

자, 더 심플하게 만들 순 없을까요?

참고로 차코 샌들 상자에는
'Fit For Adventure'라는 슬로건이 적혀 있습니다.
제품의 성격을 정확히 반영하면서도 어딘지 설렘을 주네요.

'사료는 **식품**이다.'
제주에서 본 반려동물 사료 판매점의 간판입니다.
아주 당연한 말인데 큰 깨달음을 주지요.

#7

사료를 사료라고 생각하는 사람과,
사료를 식품이라고 생각하는 사람은 어떻게 다를까요?
당신이라면 어떤 사람이 만드는 사료를 선택할 것 같습니까?
나아가 '애완동물'이라는 말과 '반려동물'이라는 말은
어떤 차이를 낳을까요?

꽃을 살 때 가장 많이 물어보는 질문은
"이 꽃은 이름이 뭐예요?"입니다.
통의동 식물 가게 '가든하다'의 영수증에는
꽃 이름이 하나하나 적혀 있습니다.
(그 옆에 모양을 그려주실 때도 있어요.)
돌아서면 곧 까먹는 손님들을 위한 기특한 영수증입니다.

#8

아주 작은 배려나 친절이 때론 크게 다가옵니다.
상대의 입장에서 필요한 부분이 무엇일지 생각해 보고,
센스 있게 배려할 방법을 떠올려 보세요.
상대가 자주 하는 질문이 있다면,
자연스럽게 그 질문을 다시 하지 않아도
되게 만들 방법은 무엇일까요?

알라딘 중고서점의 **품절·절판** 도서 코너에는
이런 카피가 크게 적혀 있습니다.

'이 광활한 우주에서
이미 사라진 책을 읽는다는 것.'

그저 이제 구하기 힘든 책들을 모아놓은 코너일 뿐인데 한 줄의 카피가 그곳의 의미를 거의 숭고할 정도로 차원 이동시켜 놓습니다.

'마지막으로 모험을 떠나본 게 언제인가?'

게임 '월드오브워크래프트wow'의 카피입니다. 가슴이 두근거리지 않나요? 길에서, 지하철에서, 어느 가게에서, 당신의 가슴을 뛰게 하는 문구를 발견한다면 여기 적어 두세요.

만년필 브랜드 라미LAMY의 **잉크병**입니다. 잉크를
채운 후 잉크병에서 바로 휴지를 뽑아 펜촉을 닦을
수 있게 되어 있습니다. 디자인도 깔끔하고, 써보면
아주 편리하답니다.

스카치테이프는 끊어내지 않으면 쓸 수 없기에 항상 가위나 칼이 필요합니다. 그래서 톱날이 달린 스카치테이프 홀더가 탄생했지요. 지우개 달린 연필도 비슷한 예입니다. 이렇듯 물건을 쓸 때 필요한 도구를 간단히 결합해버린 것으로는 또 뭐가 있을까요?

당신이라면
무엇과 무엇을 결합하면
편리할 것 같습니까?

#11

샤오미小米에서 나오는 스마트 전기자전거의 이름은 **운마**입니다. 구름 雲 말 馬. 가끔 단순한 한자 네이밍이 대단히 낭만적으로 여겨질 때가 있습니다.

<u>D</u>ay| <u>M</u>onth| <u>Y</u>ear| <u>W</u>eather|

한자어는 관공서에서나 법 조항 등에 많이 쓰이기에 딱딱하고 고루한 것으로 느끼기 쉽지만, 뜻을 압축적으로 담을 수 있고 특유의 고풍스러운 뉘앙스가 있기 때문에 잘 쓰면 멋스럽습니다. 좋아하는 한자어를 떠올려 보세요. 무슨 뜻인가요? 여기 한번 한자로 써보세요.

서울대에 **나무 병원**이 있다는군요.
하남시에는 도로개설 등으로 오갈 데 없어진
나무를 옮겨 두었다가 공공사업에 조경수로
활용하는 '나무 고아원'도 있고요.
왠지 마음이 놓입니다.

반려동물뿐 아니라 '반려식물'이라는 말도 생겼지요.
식물이 주는 위로는 대단히 큽니다.
사람에게 필요한 병원이나 고아원을 나무와 결합했더니
새롭고도 유용한 곳이 탄생했습니다.
또 어떤 것을 생각해 볼 수 있을까요?
여행 가는 동안 화분을 맡길 수 있는 '화분 호텔'은 어떨까요?
더 상상해 봅시다.

#12

일본 편의점에서 컵에 담긴 수박을 샀습니다.
조그만 플라스틱 포크 끝에 작은 **미늘**이 있어
컵 아래쪽에 있는 수박을 찍어도 포크가
빠지지 않아 무척 편리했습니다.

포크 끝의 미늘은 정말 작은 부분입니다.

하지만 이 작은 배려가 아주 큰 편의로 다가오지요.

지금 당신이 하는 일에서 '포크 끝의 미늘'은 무엇일까요?

상대의 입장을 배려해 개선하면 좋을 디테일은 무엇일까요?

숙박공유업체 에어비앤비Airbnb의
창립자 브라이언 체스키는 이렇게 말했습니다.

"미국에는 전동드릴이 8000만 개나 있지만
평균 사용시간은 13분밖에 되지 않습니다.
모두가 전동드릴을 소유할 필요가 있을까요?"

공유경제의 필요성에 대해
이렇게 명쾌하게 표현하다니요.

요즘은 옷을 대여해 입고 반납하는 서비스도 있지요.
모두가 자신의 것을 소유해야 한다고 생각했던 예전에 비해
많은 것을 공유할 수 있는 세상입니다. 당신이 가진 것 중에
쓰는 시간이 아주 적어서, 빌려주고 대여료를 받거나
바꾸어 쓰면 좋을 것은 뭐가 있을까요?

#15

통행에 불편을
드려 죄송합니다

종로구 **마스코트**는 '종'입니다.
타지역 심벌에 비해 독보적으로 귀엽습니다.
스포츠 등 많은 활동을 하고 미안한 일이 있을 땐
난처한 표정을 짓습니다.

우리나라 지자체마다 마스코트가 있지만, 만듦새가 부끄러운 수
준이지요. 종로구 좋은 '종로', 즉 종루가 있는 길이라는 역사적
특성을 반영하면서도 단순한 디자인으로 아주 귀여운 인상을 줍
니다. 당신이 사는 지역에는 마스코트나 캐릭터가 있습니까? 여
행을 가거나 다른 지역을 방문하면 그 지역의 상징은 무엇인지
살펴보세요. 모두 브랜딩의 일환입니다. 마음을 끄는 심벌이 있
다면 그 이유를 생각해 보세요.

먼지봉투 **없는** 청소기로 유명해진 전자제품 브랜드 '다이슨Dyson'은 날개 없는 선풍기를 내놓으며 이노베이터로서의 자리를 굳혔습니다. 다이슨이 앞으로 또 무엇을 없애며 기존 전자제품의 개념을 바꾸어 놓을지 흥미진진합니다.

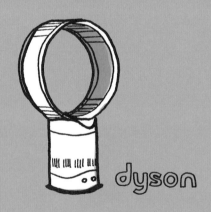

뭔가를 더하는 것만이 아이디어는 아닙니다. 기존의 것에서 뭔가를 없애서 새롭고도 효율적인 방식을 만들어낼 수도 있습니다. 최초의 TV 리모컨에는 TV와 리모컨을 잇는 긴 전선이 달려 있었다는 걸 아시나요? 20년 전만 하더라도 '무선 인터넷'이란 신기에 가까운 개념이었지요. 당신 주변의 물건들을 둘러보며, 무얼 없애면 좋을지 생각해 보세요.

#16

'앤 드루얀에게 바친다.
광막한 공간과 영겁의 시간 속에서
행성 하나와 찰나의 순간을
앤과 공유할 수 있었음은 나에게는 커다란 기쁨이었다.'

_칼 세이건, 《코스모스》 헌사

이 세 줄 속에 우주적 스케일과 존재의 덧없음,

그리고 그러기에 더욱 소중한 인간의 감정이 모두 담겨 있습니다.

역사상 가장 유명한 헌사 중 하나일 겁니다.

당신이 책을 낸다면 그 책을 누구에게 바칠지,

또 뭐라고 쓸지 생각해 보세요.

#18

사르트르는
'카페는 자유를 향한 길'이라 말했다고 합니다.
옛날 런던에선 페니 한 닢이면 커피를 마시며
많은 토론과 대화를 나눌 수 있었기에
카페를 **페니 유니버시티**Penny University라
불렀습니다.

카페 좋아하세요?

─

왜 좋아하세요?

─

카페에서 어떤 시간을 보내시나요?

─

창밖 보는 걸 좋아하세요?

─

책을 읽기 좋은가요?

─

커피 향이 감도는 게 좋으세요?

─

친구와 얘기 나누는 걸 좋아하세요?

─

자, 그럼 당신이 카페를 정의한다면 뭐라고 하겠습니까?

─

그리고 그 정의에 가장 부합하는 카페는 어디인가요?

─

#19

벽에 못을 박지도, 접착제로 붙이지도 않고 벽지에 꽂아서 사용하는 **벽지핀**이란 게 있네요. 돼지코 모양으로 생긴 이 물건의 이름은 '걸면돼지'입니다. 최대하중 2.3kg이라니, 생각보다 지탱하는 힘이 상당한 돼지로군요.

벽지와 벽 사이 공간에 핀을 끼워 활용할 생각을 하다니, 참 대단합니다. 우리가 아직 발견하지 못한 공간과 그 활용법은 얼마나 많을까요? 저의 집에는 싱크대 선반에 끼워서 쓰는 키친타올 걸이가 있습니다. 집 안을 둘러보며 자투리 공간을 새로운 방식으로 활용한 예가 있는지 살펴봅시다. 생각해 보면 2층 침대라는 것도 자투리 공간을 활용하기 위한 새로운 아이디어죠.

#20

제2영동고속도로가 개통되며 새로 생긴 경기 광주 휴게소에는 **치카치카 존**이 있습니다. 고속도로 운전 중엔 졸음이 오고 입안이 텁텁한 게 문제지요. 칫솔 자판기도 있는 양치질 전용공간이라니 유용하겠습니다.

'고속도로 휴게소는 음식을 먹고 화장실을 가는 곳이다'라고만 생각해서는 다른 시도가 어렵겠지요. '휴게'를 '리프레시'로 해석하면 다양한 해결책이 나올 수 있습니다. 당신에게 리프레시가 되는 건 무엇입니까? 당신이 고속도로 휴게소를 설계한다면 어떤 공간을 넣을 것 같나요?

보디제품 브랜드인 러쉬Lush에서는
타블렛 형태의 **씹는 치약**이 나옵니다.
(우리나라엔 수입되지 않네요.)
향도 아주 다양해요.

튜브에 담긴 치약은 1896년 콜게이트Colgate사가 발명했으니 치약의 역사에 있어 꽤 최근의 일입니다. 치약이 꼭 튜브에 담겨 있어야 하는 것은 아니죠. 우리나라에 처음 수입된 치약은 일본에서 들어온 가루 형태였습니다. 예전에는 세탁세제도 가루 형태밖에 없었지만 요즘은 액체 세제가 보편적이지요. 요즘은 물 없이 쓰는 드라이 샴푸라는 것도 있잖아요. 치약의 형태도 또 변할지 모릅니다. 한번 상상해 볼까요? 이왕이면 예쁜 패키지로.

#21

교토 금각사와 은각사의 **입장권**은
그 자체가 붓글씨로 쓰인 부적입니다.
집안이 안전하고 운이 트이길 기원하는 입장권은
어째 버리기가 쉽지 않을 것 같네요.

입장권이 어차피 필요하다면, 또 아무 곳에나 입장권을 버리는
사람이 많다면, 또 어느 관광지의 기념품을 원하는 사람이 많다
면, 이 입장권이 해결사 역할을 하겠네요. 천편일률적인 입장권
을 벗어나 간직하고 싶은 입장권을 디자인해 보면 어떨까요? 요
즘은 극장에서도 '포토티켓'이란 걸 만들었지요. 당신이 최근 끊
은 입장권을 떠올리고, 그것을 간직하게 할 아이디어를 구상해
봅시다.

#22

#23

크리스털

액세서리 브랜드인

스와로브스키Swarovski가

크리스마스를 맞아 쇼윈도를

이렇게 장식해 놓았더군요. 'Merry Crystal!'

그 안에 놓인 크리스마스트리는 물론 스와로브스키의

크리스털로 블링블링하게 장식되어 있었고요.

망원동의 카페 '대루커피'에서는 영화 〈그랜드부다페스트 호텔〉 포스터를 패러디한 '그랜드붓다패스트 호텔'이라는 원두를 내놓은 적 있습니다. 사장님은 이렇게 밝혔죠.

> "'크리스마스 블렌드는 카페마다 출시하는데 왜 석가탄 신일 블렌드는 없는 거야!'라고 서운하셨을 분들을 위해, 대루커피가 준비해 보았습니다. 그랜드붓다패스트 호텔. 누구라도 좋아할 '자애가 넘치는 맛'입니다."

크리스마스든, 석가탄신일이든, 추석이든, 말복이든, 시즌 이벤트를 할 수 있는 기회입니다. 당신의 브랜드와 시즌을 어떻게 유쾌하게 엮을지 고민해 보세요.

24

대통령 탄핵 촛불집회로 온 나라가 떠들썩할 때, '베테랑칼국수 센트럴시티점' 카운터에 사탕 대신 놓여 있던 것.

'손님들께 **꺼지지 않는** 희망을 나눔 합니다.'

각자의 자리에서, 정치적 의견이나 희망, 응원하는 마음을 자연스럽게 전할 수 있습니다. 서슬 퍼런 구호도 아니고, 누군가를 거부하는 것도 아닙니다. 더 나은 사회를 바라는 마음을 표현하는 방법은 다양합니다. 어떤 사람은 스마트폰 이모지Emoji에 노란 추모 리본을 등록시켰습니다. 정치적 의견을 자연스럽게 표현하는 다양한 방법을 생각해 봅시다. '차별 반대'라는 주제로 시작해 볼까요?

#25

'포인핸드Paw in Hand' 앱을 켜면
그날 구조된 동물 수가 뜹니다.
입양되었거나 잃어버렸다 재회한
반려동물 스토리를 보고 있으면 뭉클해집니다.
'포인핸드'는 **유기동물**의 새로운 가족을
찾아주기 위한 비영리 앱입니다.

'사지 말고 입양하세요'는
좋은 슬로건이라고 생각합니다.

그것을 구호에 그치지 않게 하는 건
실제적으로 사람들이 쉽게 유기동물 현황을 알 수 있고
동물들의 얼굴과 표정을 볼 수 있게 하며
입양 의사를 전할 수 있게 하는 이런 앱이겠지요.
고마운 마음이 듭니다. 유기동물 입양을 늘리는
또 다른 실제적인 방법으론 어떤 게 있을까요?
–

또는 당신이 유기동물을 돕고 싶은 사람들과
동물보호 단체를 쉽게 연결하는 앱을 개발한다면
그것은 어떤 형태가 될까요?
–

명동은 외국인 **관광객**이 많은 곳이지요.
명동 이니스프리 플래그쉽 스토어에서는
여행 가방 무료보관 서비스를 하더군요.
여행지 쇼핑 땐 가방이 제일 골치인데
반가운 서비스일 것 같았습니다.
보관함이 100개를 훌쩍 넘어요.

매장을 쾌적하게 하는 것만이 능사가 아니지요.
고객이 실제 필요로 하는 서비스가 무엇일지,
쇼핑을 더 쾌적하게 하려면 어떤 서비스를
제공해야 할지 고민해야 합니다.
당신이 명동 한복판에 쇼핑 나온
외국인 관광객이라고 상상해 보세요.
그렇다면 또 어떤 서비스가 고맙고 유용하게 느껴질까요?

#27

스위스의 마트 미그로스Migros에서는 장 보는 사람이 **휴대용 스캐너**로 물건 바코드를 바로 찍습니다. 지금까지 담은 물건값 총액과 구매한 목록이 한눈에 보입니다. 나갈 땐 스캐너를 반납하고 총액만 지불합니다. 무척 편리하다고 하네요.

마트 계산대 앞에 늘어선 줄을 보면 한숨만 나오지요. 꼭 계산대가 고정되어 있으란 법은 없습니다. 계산대를 휴대용으로 만들어 각자가 계산하게 할 수도 있는 거지요. 자동주차요금 정산기 덕분에 주차장 출구가 안 밀리게 된 것도 획기적인 개선입니다.

최근에 줄을 선 일이 있나요?
—

그 줄을 서지 않아도 되게 하려면
어떤 아이디어가 필요할까요?
—

# #
28

고양시의 콜택시 앱 이름은 '고양ⓔ택시'입니다. 고양이 캐릭터가 등장하며, 택시를 부를 때 옵션에 '반려동물 동반승차' 항목이 있습니다. 이 정도면 고양시라는 **이름값**을 하는데요.

고양시의 이름에는 '고양'이가 숨어 있었습니다! 고양시의 미디어 홍보팀은 이에 착안해서 '뭐 할 고양?', '나 줄 고양?'과 같은 '고양체'를 탄생시키고, 고양시의 마스코트를 고양이로 만들었으며, 급기야 고양시장이 고양이탈을 쓰고 인증샷을 찍기에 이르렀습니다. 고양ⓔ택시에 반려동물 옵션을 넣은 것은 정말 칭찬하고 싶습니다. 허울뿐인 구호만이 아니라 고양이와 반려동물에 대한 존중을 보여주니까요. 지도를 펴놓고, 지명을 재미있게 활용할 수 있는 곳은 어디일지 생각해 봅시다. 쇼핑몰 스타필드 하남은 '지금 뭐하남?'이라는 카피를, 스타필드 고양은 고양시를 따라 '언제 올 고양?'이라는 카피를 쓰기도 했지요.

중국의 아티스트 넛 브라더Nut Brother는
100일간 베이징의 스모그를
진공청소기로 빨아들였습니다.
여기까진 그러려니 하는데,
그걸로 벽돌을 만들었다네요.
손에 잡히는 스모그 벽돌의 충격은 참 대단합니다.

#
2
9

—
tangible.
(형용사)
유형의, 만질 수 있는.
—

많은 것이 무형의 바이트로 변환되는 요즘 세상에서 '탠저블'한 것이 주는 경험치는 더 커집니다. 어떤 메시지를 많은 사람에게 효과적으로 전하고자 할 때, 눈으로 보고 손으로 만질 수 있는 것이 있다면 더 강력할 수 있습니다. 프레젠테이션을 앞두고 있습니까? 그렇다면 화면이 아닌 실물로 보여줄 수 있는 물건은 뭐가 있을까요?

—
—
—
—
—
—
—
—
—
—
—

30

의자 다리 커버로 쓰기에 **테니스공**은 적절한 물건이었습니다. 문제가 있다면 형광색이 너무 튄다는 것. 그래서 점잖은 색깔로 나온 가구 전용 테니스공이 따로 있네요. 정녕 주객전도된 디자인이지만 재미있습니다. 이름은 '체어 슬리퍼'.

라면을 끓이지 않고 부숴서 스프를 뿌려 먹는 방법을 그대로 가져온 과자가 '뿌셔뿌셔'지요. 주객전도가 된 예들은 또 뭐가 있을까요?

교보문고 온라인서점에 PC로 들어가
품절된 책을 찾으면 **도서관검색** 버튼이 보입니다.
눌러 보면 세상에, 찾는 책이 어느 도서관에
있는지와 청구기호까지 나옵니다.
서점이 책을 파는 곳만이 아닌 책에 가닿게
해주는 곳임을 보여주는 서비스입니다.

#31

'업'의 비전이란 수익을 넘어서 존재합니다.

당신의 '업'은 어떤 일인가요?

—

—

—

—

—

—

—

—

사람들에게 어떤 가치를 주는 일인지
좀 더 크게 생각해봅시다.

—

—

—

—

—

—

집회가 금지된 마드리드 의회 앞에서 벌어진
세계 최초의 **홀로그램 집회**.

2000명이 각자의 모습을 찍어서
홀로그램으로 모여 시위를 벌였습니다.
이 시위는 전 세계에 보도되었고
35만 명의 집회금지 반대 서명을 얻어냈지요.

자리에 앉아 로드뷰를 보면서 부동산도 사고파는 시대입니다.
집회가 금지된 곳이어도 거기 사람들의 뜻이 모였음을
보여줄 수 있는 시대입니다.
가상현실이 현실에 도움이 되는 지점이 많아지고 있지요.
SM과 YG 엔터테인먼트는 홀로그램 콘서트를 열기도 합니다.

홀로그램을 사용해서
새로운 현실을 만들 수 있는 지점으로는
또 무엇이 있을까요?

#33

1945년 안행순 여사가 만들기 시작한 잠자리표 재단 가위. 70년이 넘도록 재단 가위 한 종류만을 만들어 **명품**으로 인정받고 있습니다. 왼손용도 있고요. 우리나라에도 이런 브랜드가 있군요.

한눈팔지 않고 한 분야만을 파고들어
독보적인 브랜드가 되는 곳들이 있습니다.
대를 물려 사용하는 가위라니 정말 근사합니다.

당신이 가진 물건 중에
가장 오래 쓰고 있는 건 무엇일까요?

-
-
-
-
-
-
-

그 물건을 잃어버리면
같은 것으로 다시 살 마음이 있나요?

-
-
-
-
-
-
-

그렇다면 그게 바로 명품입니다.

#34

HARIBO
SAUER SÜSS
BÄRCHEN-PÄRCHEN

곰돌이 젤리로 유명한 하리보Haribo에서 나오는
곰 두 마리 커플 젤리.
신맛 곰과 단맛 곰이 나란히 손을 잡고 있습니다.
한 번에 먹으면 맛있다고 하네요.

'스시조'에서 장어 초밥을 먹은 적이 있는데, 처음 입에 들어온 부분은 소스에서 단맛이 나더니 끄트머리에 몇 알 놓인 천일염이 입안에서 확 터지며 짠맛이 뒤섞이더군요. 분리된 맛이 합쳐질 때 재미있는 경험이 된다는 걸 느꼈습니다. 칵테일에서도 마시는 동안 층층으로 분리된 맛이 점점 섞이게끔 한 것들이 있지요. 함께 먹었더니 맛있었던 것들을 접하면 여기에 적어보세요. 밥에 어리굴젓을 올리고 감태에 싸 먹는다든가.

그 모든 조합이 바로 아이디어니까요.

#35

목재의 종류를 구분하려면
색깔과 촉감, 냄새, 무게, 경도 등
나무의 특성을 잘 알아야겠지요.

일본의 한 목재 회사가
참 좋은 아이디어를 냈습니다.
각각의 나무로 된 연필 세트를 만든 것입니다.
근사한 **카탈로그**라 하겠습니다.

자연스럽게 체감할 수 있도록
한다는 게 아주 좋은 포인트입니다.
우리나라의 어느 목재상에서는
각각의 나무 손잡이로 된 우산을 만들었더군요.
또 자연스럽게 재질을 느껴보게 하려면
어떤 방법이 있을까요?

#36

"나는 **직선**을 없애고 싶다.

따스하지만 비뚤어져서 마법이 존재할 수 있고,
투시법의 저주에서 벗어나 수평선조차 불거져나와
뒤틀어지고 흔들리는 세계를 그리고 싶다."

그것을 그려낸 미야자키 하야오宮崎駿≫의 말입니다.

선이란 각자의 고유한 것입니다.
데이비드 린치David Lynch의 드로잉을 본 적이 있는데
꼭 그의 영화 같더군요.

당신이 좋아하는 것은
어떤 선입니까?

만화든 드로잉이든 설계도든 서예든,
당신이 좋아하는 선의 느낌에 대해 천천히 생각해보세요.

참고로 저는 찰스 M. 슐츠Charles M. Schulz➤➤의 선을
정말 좋아합니다.

➤ 〈바람 계곡의 나우시카〉 〈이웃집 토토로〉 〈천공의 성 라퓨타〉
〈센과 치히로의 행방불명〉 등을 만든 일본의 애니메이션 감독
➤➤ 스누피와 찰리 브라운이 등장하는 만화 〈Peanuts〉의 작가

은평구 구산동 **도서관마을**.
옹기종기 맞닿은 여덟 채의 연립주택들을
개조해서 만든 곳입니다.
주민들이 자발적으로 참여해서
10년 가까이 신중하게 만든 이곳은,
주민들에게 정말로 사랑받는
동네도서관이 되었습니다.

육중하고 위풍당당한 도서관이 주는 든든함도 있겠지만
작은 도서관이 주는 친근함도 큰 미덕입니다.
당신이 사는 지역에 도서관을 짓는다면,
어떤 모습이 되면 좋을까요?
그저 상상이 아닙니다.
구산동 도서관마을은 주민들이 참여해서 정말로 해냈다니까요.

37

#38

500석 규모의 공연장을
두 시간 만에 지을 수 있습니다.
비닐로 만든 공기주입식 공연장.
밖에서 보면 거대한 튜브나 풍선처럼 보입니다.
바람을 빼면 트럭에 실어 **가뿐히**
다른 곳으로 옮길 수 있다고 합니다.
설계는 이소자키 아라타磯崎新 &
아니쉬 카푸어Anish Kapoor.

공기주입식 공연장은 건축물에 대해
우리가 가진 모든 생각을 불어 날려버리는 것 같습니다.
이소자키 아라타는 이렇게 말한 적이 있지요.

"나의 건축의 특징을 꼽으라면
새로움에 몰두하는 것이라고 서슴없이 말하겠습니다.
같은 것을 하고 싶지 않거든요."

당신이 정말로 탄탄한 업의 기본을 갖추었다면,
당신의 업을 규정하는 것까지도 뒤집어버릴 수 있을 겁니다.

북유럽의 전통술 아쿠아비트Aquavit는
배로 **적도**를 두 번 지난 뒤 가장 맛이 좋다고 합니다.
정말로 그런지는 모르겠습니다만.
지금도 그렇게 술을 만드는 브랜드
리니아LINIE의 병에는
지도가 그려져 있습니다.

'Taste that really travels.'

39

Day | Month | Year | Weather |

어떤 브랜드가 그 퀄리티를 내기 위해 많은 수고를 거친다면,

그 수고는 모두 브랜드 스토리가 됩니다.

모든 걸 일일이 사람 손으로 하는 최고급 브랜드들은

그 수고로움의 가치를 잘 알고 있지요.

당신이 하는 일 중에서 남들보다 수고롭지만

기꺼이 감수하는 부분이 있습니까?

거기에 당신만의 스토리가 있습니다.

#40

벨기에의 브뤼헤 민속박물관에는
아리스티드라는 검은 뚱냥이가 있습니다.
사람을 반기고 어슬렁어슬렁 안내도 해준답니다.
박물관 하우스캣으로 지금 고양이는 4대째고
3대 아리스티드는 정원의 가장 좋은 곳에
묻혀 있다는군요.

일본 와카야마 전철 기시역 역장은 '타마'라는 고양이였습니다.
재정난에 허덕이던 기시역은 타마를 보러 오는 전 세계의 팬들
덕에 회생했지요. 타마의 장례식은 매우 정중하게 치러졌고 현
지사를 비롯 3000여 명이 참석해 애도를 표했습니다. 동물에게
명예직을 맡긴다는 건 사람도 그 명예를 진지하게 존중한다는 뜻
입니다. 우리나라에선 그저 재미로만 생각하는 듯합니다. 얼마
전 어느 경찰서에서 명예의경으로 임명했던 강아지가 경찰서 앞
에서 로드킬 당했다는 소식에 정말 화가 났어요.

#41

남아프리카공화국의 **지폐**에는 넬슨 만델라도
있지만 코뿔소, 코끼리, 사자, 버팔로, 표범이
그려져 있습니다. 만델라가 가장 작은 단위이고
나머지 동물들의 금액이 더 큽니다.
인물이 그려진 지폐보다 훨씬 멋있더라고요.

당신이 우리나라의 화폐를 디자인한다면,
인물 말고 무엇을 그려 넣겠습니까?
동물이나 사물, 풍경이 될 수도 있겠지요.

42

오래된 동네인 종로구에는 '한옥은행'이 있습니다.
철거된 한옥에서 나온 대들보, 서까래 등 오래되고
귀한 자재들을 모아 두었다가 필요로 하는 곳에 파는
은행입니다. 이렇게 한옥 한 채가 부분부분 **되살아**
납니다.

한꺼번에 모두 없애기엔 너무 아까운 것들이 있습니다. 그것들을 잘 보관해 주는 은행이 있으면 얼마나 좋을까요? 저는 '그릇은행'이 있어도 좋을 것 같아요. 세트 그릇들을 맡겨두면 접시 하나든, 밥그릇 하나든 필요한 사람이 사가고 남는 건 보관해 주는. 수지타산 같은 건 떠나서, 또 어떤 은행이 있으면 유용할 것 같나요?

도쿄 돔 야구장엔 **익사이트석**이 있습니다. 헬멧과 글러브를 착용하고 보는 이 자리는 훨씬 비싸지만 인기 있습니다. 원래는 파울볼이 날아오는 위험한 자리였는데 생각을 바꾸자 박진감 넘치는 프리미엄 좌석으로 변했다는군요. 요즘은 우리나라의 여러 야구장에도 있습니다.

#43

폭스바겐 비틀이 처음 미국 시장에 상륙했을 때 'Think Small'이라는 캠페인을 벌였습니다. 큰 차를 선호하는 미국인들에게 작은 차의 매력을 어필하는 캠페인이었죠. 그중엔 이런 유쾌한 카피도 있습니다. '이 차를 집 앞에 세워두면 당신의 집이 더 커 보입니다.' 생각을 바꾸면 단점은 장점이 될 수 있습니다.

당신의 단점은 무엇입니까?
그리고 그것의 장점은 무엇일까요?

향수 브랜드 딥티크Diptyque의 창립자인 데스먼드는
동업자 크리스티안에게 그리스 **해변의 무화과**를 선
물한 적이 있습니다. 데스먼드가 세상을 떠나자 딥티
크는 그를 기리는 '필로시코스'라는 향수를 출시합니
다. 그리스어로 '무화과나무의 친구'라는 뜻입니다.

#44

제품명에 얽힌 이야기들은 그 브랜드에 어떤 겹을 더해 줍니다. 저는 필로시코스를 쓸 때 가끔 이 이야기를 떠올리곤 합니다. 구글은 원래 구골(Googol, 10의 100승)로 등록하려다 잘못 쓴 이름을 사명으로 삼았답니다. 구글의 유쾌한 느낌이 시작부터 드러운 것 같지요. 당신이 좋아하는 브랜드 네임은 무엇인가요? 얽힌 이야기가 있다면 찾아보세요.

#45

병 속에 편지를 넣어 띄워 보내던 시대는 지났습니다.
이젠 병 속에 4기가 USB 메모리를 넣고
코르크로 밀봉해서 던지면 됩니다.
뉴욕의 어느 쇼핑몰에서 소개된 제품이라네요.

타자기 형태로 된 블루투스 키보드를 보았습니다.
향수 어린 아날로그 제품과 요즘 기술을 결합한 것들은
시대를 엉뚱하게 결합하는 재미가 있지요.

또 어떤 것들이 가능할까요?

#46

책날개는 종종 책갈피로 쓰이기도 하지요.
이 귀여운 책의 뒷날개는
그런 용도로 쓸 때를 고려해 만들었습니다.
심오한 메시지도 적혀 있네요.

'나는 인간은 싫어하지만,
인류는 사랑해!'

책은 물성을 갖고 있습니다.
'난다' 출판사에서 나온 '걸어본다' 시리즈는
책 겉표지를 벗겨서 펴면 지도가 되지요.
책의 어느 부위를 또 어떻게 활용할 수 있을까요?

행사마다 SNS를 위한 포토존을 만들지요.
캘리포니아의 음악 페스티벌 코첼라의 포토존은
'베싸메무쵸Besame Mucho(많이 키스해 줘요)'라고 적힌
거대한 사인입니다. 노래 제목이기도 한 그 앞에서,
사람들은 행복하게 키스하며 **인증샷**을 찍습니다.

#47

요즘은 사람들이 자발적으로
찍어 올리는 사진들이 곧 광고입니다.
어떻게 하면 사람들이 그 앞에서 인증샷을 찍고 싶어질까요?
당신은 어떤 곳 앞에서 사진을 찍으면 좋겠습니까?

스웨덴의 탄광도시 키루나Kiruna는
지반이 위험해지자
도시 전체가 이사를 하기로 했습니다.
기차역과 시청 등 기존 건물들을
그대로 옮겨서 재조립한다고 합니다.
'Kiruna 4-ever'.
이 **초대형 이사** 작업의 이름입니다.

눈에 익은 건물과 정든 거리의 모습이
영영 사라지는 건 주민에게 큰 상실감을 줍니다.
도시 전체가 이사를 한다니
스케일이 대단해서 참 재미있네요.
당신이 살고 있는 도시 전체를 이사할 수 있다면
어디쯤 이 도시를 갖다 놓고 싶습니까?
이유는 뭔가요?

#49

매년 4월 셋째 주 토요일은 '레코드 스토어 데이'
입니다. 전 세계 독립 음반가게들의 **연합축제**죠.
이날만을 위한 한정판 앨범 출시, 팬과 뮤지션의
만남, 공연, 파티 등이 열리고 음반 판매가 치솟
습니다. 연합의 힘은 강력하군요.

작은 가게들, 작은 힘을 가진 사람들은 연대할 때 더 크고 다양한 목소리를 낼 수 있지요. 흩어져 있지만 같은 취향을 가진 사람들을 모으는 행사가 있다면 즐거운 일이 될 겁니다. 우리나라에도 '서울레코드페어'가 있고, 독립출판 행사인 '언리미티드 에디션', 과자를 좋아하는 사람들이 만나는 '과자전' 등 재미있는 행사들이 있습니다. 당신과 같은 취향의 사람들을 만날 수 있는 장은 어디일까요?

-
-
-
-
-
-
-
-
-
-

서울에 있는 카푸치노 호텔에는 '바크룸'이라는 방이 있습니다. 반려견과 함께 묵을 수 있는 곳인데. 애견용 간식과 생일 케이크 등을 룸서비스로 주문할 수도 있다고 합니다. 반려견도 **어엿한 투숙객**이라는 거지요.

#50

반려동물을 데리고 여행하기 무척 힘든 우리나라에서 반려
동물을 환영한다는 곳을 만나면 저는 참 반갑습니다. 당신
이 반가워할 호텔은 어떤 호텔입니까?

-
-
-
-
-
-
-
-
-
-
-
-
-
-
-

성산동 순진김밥.

오징어채가 들어가는

김밥의 이름은 '동해김밥'입니다.

오징어를 동해로 표현하다니 절묘하고 시원합니다.

소고기 김밥의 이름은 **시드니김밥**입니다.

호주산 소고기를 사용하기 때문이래요.

조그만 김밥집에서

네이밍에 대해 많은 걸 배웁니다.

#51

당신이 분식집을 차린다면
이름을 무엇으로 짓겠습니까?
—

메뉴들의 이름은요?
—

'틈새라면'의 계란이 들어간
매운 떡라면의 이름은 '빨계떡'이죠.
안 매운 건 '계떡'이고요.
단순하지만 다른 곳과는 다르고 잘 안 잊혀요.

통인동 커피 공방은
6년째 노동절 무렵이면
수천 잔의 무료 커피를 제공하는
'커피 프리데이' 행사를 하고 있습니다.
커피 컵 슬리브에 적힌
휴일: 설날, 노동절, 추석에서
이곳의 철학이 드러납니다.

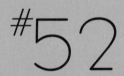

Day| Month| Year| Weather|

노동의 가치에 대해 고민하는 사람들에게는

노동절이 큰 명절이겠지요.

당신에게 특히 중요한 날은 언제인가요?

그날을 당신만의 명절로 삼아 보세요.

(참고로 여름을 너무 힘들어하는 저에게는 '처서'가 큰 명절입니다.)

옛날엔 자주 쓰던 **공중전화기**.
대부분 휴대폰을 쓰는 요즘엔
전화카드를 가진 사람이 거의 없죠.
몰랐는데 요즘은 티머니 등 교통카드로
전화를 걸 수 있게끔 개조된 공중전화기가 있습니다.
좋은 아이디어네요.

#53

인프라를 매번 새로 구축하는 건
비용도 많이 들고 효율적이지 못합니다.
완전히 지나간 물건이라고 생각한 것 중에
조금만 손봐서 더 사용할 수 있는 건 없을까요?

#54

교토에 여행 간 친구가
역에 붙어 있는 '인근 지역 현재 단풍 현황도'
사진을 찍어 보내 주었습니다.
매일의 단풍 든 정도를 다섯 색깔의 스티커로
붙여서 표시합니다.
일본에선 **단풍놀이**도 참 귀엽고 진지합니다.

매일의 바람이 바뀌고,
매일 조금씩 나뭇잎이 물들고,
꽃봉오리가 하나둘씩 터지고…
작지만 참 중요한 뉴스들이지요.

당신에게 중요한 작은 뉴스는
어떤 게 있나요?
거기에 진지해 봅시다.

필름산업의 양대 산맥 코닥Kodak과 후지Fuji. 코닥은
파산했지만, 후지는 필름생산 재료인 콜라겐과 사진
변색 방지 항산화 성분인 아스타잔틴으로 노화 방지
전문 화장품 사업을 시작해 대히트를 기록합니다.
핵심자산으로 시대 변화에 적응한 좋은 예입니다.

#55

사람도 마찬가지입니다.
하던 일이 사라져도 그 일에서 익힌 핵심역량은
다른 일에 적용 가능하지요.
저는 카피라이터 출신입니다.
아이디어를 포착하고, 메시지를 효율적으로 전달하고,
글을 쓰는 일이 제 일의 핵심역량이었지요.
그래서 이 다이어리를 쓰고 있습니다.

당신의 핵심역량은 무엇인가요?

이케아는 어린이 대상 '소프트토이 그리기 대회'를 열어 선정된 열 개 그림을 실제 인형으로 만들어 판매하고 있습니다. 독특하고 예쁩니다. 이케아 **소프트토이**가 하나 팔릴 때마다 어린이 교육기금 1유로가 기부되지요.

#56

이케아 인형에 적힌 'Love-proof'라는 카피를 좋아합니다.
아이가 인형을 아무리 사랑해도 튼튼하다는 뜻이지요.
어른인 당신의 그림대로 인형이 만들어진다면,

당신은 어떤 그림을 그리겠습니까?

#57

아웃도어 브랜드 '파타고니아Patagonia' 본사는 캘리포
니아 해변에 있습니다. 아주 초기부터 **자유시간제**를
도입해 직원들은 파도가 좋으면 서핑을 하러 달려 나
갑니다. 아웃도어 브랜드 직원이라면 아웃도어를 사
랑해야죠. 세계적으로 존경받는 창업자 이본 취나드
Yvon Chouinard의 책 제목은 《파도가 칠 때는 서핑을Let
My People Go Surfing》입니다.

친환경주의로 유명한 파타고니아는 '원하지 않으면 사지 말라'는 캠페인을 벌이기도 했습니다. 옷을 고쳐서 입으라며 구매고객에게 반짇고리를 우편으로 배송한 적도 있지요. 당신이 아웃도어 브랜드의 CEO이고 당신이 정말로 원하는 건 아웃도어, 즉 자연을 보존하는 거라면 어떤 활동을 하겠습니까?

#58

수원시립미술관의 개관기념전 제목은
'수원 지금 우리들'이었습니다.
SU WON을 **뒤집으면**
NOW US가 됩니다.

당신의 이름을 가지고 놀아 보세요.
영어든 한글이든요.
이를테면 제 이름은
이렇게 'KIM (H+N)a'로 표기할 수도 있습니다.

#59

세련된 디자인의 고양이 스크래쳐가 있길래
제품명을 봤더니 **캣모나이트**였습니다.
가운데가 옴폭 들어가 있어 고양이가
암모나이트처럼 몸을 돌돌 말고
잠을 자기 때문이에요.
재미있는 네이밍입니다.

'몸을 동그랗게 말고 잠든 고양이'에
또 어떤 이름을 붙일 수 있을까요?

서울시의 무인 대여 **자전거 이름**은
'따릉이'입니다.
이름이 재미있다고 생각했는데,
대전시의 자전거 이름은 '타슈'라는군요.
이길 자가 없을 것 같네요.

참고로 세종시는 '어울링', 안산시는 '페달로',

고양시는 '피프틴(자전거 이동 평균 속도가 15km/h랍니다)',

창원시는 '누비자'입니다.

공공자전거 이름을 지어볼까요?

대전시를 이길 이름이 있습니까?

–

–

–

–

–

–

–

–

–

–

–

태국 치앙마이의 숙소 이름은
Enough For Life라고 합니다.
단순하고 정갈하고 편안한 곳이라더군요.
네이밍부터 그럴 것 같습니다.

#6
1

당신이 숙소를 연다고 생각해 봅시다.

—

형태는 뭔가요?

—

게스트하우스? B&B? 호텔?

—

건물은 어떤 스타일이죠?

—

조식은 어떻게 나오나요?

—

침대 시트는 어떤 재질이며 무슨 색깔입니까?

—

구체적으로 상상하셨나요?

—

그렇다면 그곳의 이름은 무엇입니까?

—

#62

도쿄에는 인기 있는 B&B Tokyo가 있습니다.
Bed & Breakfast가 아니라 **Book & Bed**.
책이 많은 숙소가 아니라
잠을 잘 수도 있는 서점이라는 게 더 맞습니다.
책장 뒤쪽으로 들어가면 잘 수 있는 공간이 나오지요.

이곳의 카피는 'Have a book night.'

숙소의 개념도 바뀔 수 있습니다.

도서관이나 서점에 숨어서 잠들고 싶었던 적이 있던 사람이라면

B&B Tokyo에 솔깃할 겁니다.

당신은 어떤 장소에서 몰래 잠들어 보고 싶었나요?

(E. L. 코닉스버그의 책 《클로디아의 비밀》 주인공들은
메트로폴리탄 미술관에 몰래 숨어들어 밤을 보내지요.)

#63

스페인의 유명 **셰리주** 브랜드인 곤살레스 비야스.
이곳의 와인 저장고에는 혹시라도 쥐가 오크통을 갉
아먹는 걸 방지하기 위해 옛날부터 쥐를 위한 셰리주
가 따로 있습니다. 자그만 사다리도 놓여 있고 안주
까지 있지요. 그걸 또 사진으로 찍어 홍보에도 사용
한답니다. 쥐도 좋아하는 셰리주!

브랜드에 얽힌 이야기들은 모두 브랜드의 자산이 됩니다. 자칫 부정적으로 보일 수 있는 것도 오히려 적극적으로 받아들여 긍정적으로 돌려놓을 수 있죠. 홍대 앞 주차장에서 '조폭떡볶이'란 별명으로 불리던 우락부락한 아저씨들의 트럭 떡볶이집은 점포를 차린 뒤 아예 '조폭떡볶이'라는 간판을 달았지요.

그런 예는 또 뭐가 있을까요?

#64

제주 무릉리에서 생산한 농산물 꾸러미를
전국에 배송해 주는 서비스이자
공간의 이름인 '무릉외갓집'.
로고의 **삐뚤삐뚤한 글씨**가 정겨운데,
무릉리에 사는 할머니들의 손글씨를
조합해서 만든 거라고 합니다.

거창하게 멋진 것을 내걸려고 하지 않고, 가진 것을 소박하게 활
용해서 담백한 BI(브랜드 아이덴티티)를 만든 곳을 보면 기분이 좋
습니다. 그 담백함이 이미 많은 것을 말해 주니까요. 그런 브랜드
가 떠오를 때면 이곳에 적어 봅시다.

영국의 동네서점 헤이우드 힐.
규모는 작지만 안목 있는 서비스로
연 매출 17억 원을 올리는 곳입니다.
그중 **비스포크 라이브러리**는 주문자가
원하는 주제에 맞춰 꼭 읽어봐야 할 책들로
서재를 채워 주는 서비스입니다.

본래 '맞춤 정장'을 의미하던 비스포크Bespoke가 이제는 다양한 분
야에서 맞춤 제작하는 것들을 의미하는 말이 되었는데, 비스포
크와 라이브러리의 결합이라니 새롭습니다. 라이브러리를 큐레
이션 하는 데는 긴 시간에 걸쳐 쌓은 좋은 안목이 필수겠지요. 동
네서점이지만 내공은 전국구인 것 같습니다. 당신이 의뢰를 받고
'비스포크 라이브러리'를 꾸며 준다면 그것은 어떤 분야가 될까
요? 아주 좁은 분야라도 괜찮습니다. 그 라이브러리에 들어가야
할 책 중에 안 읽어본 게 있다면 지금 주문해 둡시다.

#66

차 또는 다라고 읽는 한자 茶는
풀艹과 나무木 사이에 있는 사람人의 모양입니다.

그래서 차는 사람에게
가장 가깝고 이로운 나뭇잎을 뜻한다고 하네요.
상형문자는 종종 무릎을 치게 합니다.

이름에 한자가 있나요?

가족이나 친구들의 이름을 한자로 써놓고 천천히 들여다보세요.

파자破字해 보기도 하면서 원래 어떤 모양으로부터

이 글자가 나왔을지 생각해 보세요.

한자어는 우리 문화권과 아주 가까우면서도 먼 언어지요.

상형에서 시작되었기 때문에 생각해 볼 거리가 많답니다.

# #
67

미국처럼 땅이 큰 나라에선
렌터카를 회수하는 데 엄청난 비용이 듭니다.
'트랜스퍼카Transfercar'는 여행자가 회수 렌터카와
노선이 맞으면 무료로 쓰게 하는 서비스입니다.
보험과 연료비를 지원해도
회사로선 이득이라는군요.
윈-윈의 좋은 예입니다.

어차피 해야 할 일인데 누군가에겐
그걸 함으로써 이득이 되는 경우가 있습니다.
그런 소스를 연결할 수 있다면
서로 비용을 절약하고 도움이 되겠지요.
아는 사람들과의 사이에서
그런 경우는 어떤 게 있을까요?

–

–

–

–

–

–

–

그리고 그런 수요를 서로 연결하려면
어떻게 하면 좋을까요?

–

–

–

–

–

–

–

올레는
대문에서 마을 길로 이어지는
골목을 뜻하는 제주어입니다.
국내 최고의 도보여행길인 **제주올레**는
카피도 최고입니다.

"끊어진 길을 잇고,
 잊혀진 길을 찾고,
 사라진 길을 불러내어
 제주올레가 되었습니다."

#68 올레길을 안 걸어 보셨습니까?
올해는 꼭 한 코스라도
끝에서부터 끝까지 걸어 보십시오!

#69

전통 방식으로 제작한
묵직한 주물 팬을 애용하는
셰프 토머스 켈러Thomas Keller의 말입니다.

"요리는 편한 방법이나
지름길을 찾기 위해 하는 것이 아니다.
시간을 들여라, 충분히.
훌륭한 한 끼 식사는 정서적인 경험이다."

이번 주의 식사 중 최고로 훌륭했던 것은 언제였습니까?
–

메뉴는 뭐였나요?
–

날씨는 어땠고, 장소는 어떤 분위기였나요?
–

누구와 함께였습니까? 곁들인 음료가 있습니까?
–

냄새는 어땠나요?
–

'훌륭한 한 끼 식사는 정서적인 경험'이라는
말을 곱씹어 봅시다.

영국의 '러브리딩'이라는 단체가
구글맵에 그 장소와 관련된 책을 표시한
책 세계지도를 만들었습니다.
프랑스 됭케르크를 누르면
'이언 매큐언의 《어톤먼트》 2부가
이곳을 배경으로 한다'고
표시되어 있는 식이죠.
현장 독서를 사랑하는 사람들에겐
정말 흐뭇한 소식입니다.
lovereading.co.uk

#70

구글맵을 활용하면
누구나 특화된 지도를 만들 수 있습니다.

당신에게는
어떤 지도가 유용할까요?

또 당신이 만들 수 있는
개인적인 지도는 어떤 게 있을까요?

만년필로 유명한 몽블랑Montblanc에서
가끔 나오는 한정판 **러브레터용 잉크**가 있습니다.
장미 향이 나는 붉은색 잉크인데
쓰고 나면 편지에서 향기가 납니다.

한 사람과의 연애에서
한 병을 다 쓰기는 좀 힘들긴 합니다만.

#71

한정판 잉크를 만든다면
당신은 어떤 걸 만들어 보고 싶습니까?

                  그 잉크에선 어떤 냄새가 나나요?

내친김에 잉크의 이름도 붙여 볼까요?

왜 성인용품점은 으슥한 느낌이어야 할까요?
합정과 가로수길에 있는 '플레져랩'은
'햇빛이 잘 드는, **꽃과 섹스토이**가 함께 진열된,
재즈가 흐르는 성인용품점'을 표방하는 곳입니다.
맥락이 전혀 달라집니다.

'으레 그래야 할 법한' 생각에 의문을 가져 봅시다.

기존에 있던 사업이라도 맥락을 바꿔 주면

새로운 분야가 됩니다.

자, 이제 섹스토이가 음지에서 양지로 나왔습니다.

그렇다면 다음 행보는 무엇이 될까요?

———

———

———

———

———

———

———

———

———

———

———

———

———

제주 '넥슨컴퓨터박물관'의
기념품 엽서 중에는 **지뢰찾기** 게임이 있습니다.
클래식 컴퓨터 게임인 지뢰찾기를 마우스 대신
동전으로 복권처럼 긁어가며 즐길 수 있지요.
제가 해봤는데 처음부터 지뢰가 나와 버렸지만,
몽땅 터지지 않아 굴하지 않고 계속할 수 있었습니다.

컴퓨터의 '저장' 아이콘은 디스켓 모양입니다.
요즘에는 안 쓰는 매체지만 아이콘으로는 계속 쓰이고 있지요.
기술 발전에 따라 문화도 순식간에 바뀌는 게 아닙니다.
우리는 여러 기술 단계가 뒤섞인 문화 속에서 살아갑니다.
그렇다면 그것을 엉뚱하게 뒤섞을 수도 있겠지요.

지우개 이름을 'Ctrl+z'라고 짓는 건 어떻습니까?
당신도 한번 시도해 보세요.

#74

헬싱키의 혼잡한 캄피 터미널 앞에는
나무로 켜켜이 만든
'침묵의 교회Kamppi Chapel'가 있습니다.
찬송가도 사제의 강론도 없이,
누구나 들어가 **침묵** 속에 앉아 있다 나옵니다.
혼잡함 속 침묵의 효과는
종교 형식의 위로와도 같습니다.

마음이 정화되는 당신만의 리추얼Ritual이 있습니까?
저는 향을 켜거나 찻물을 따를 때 그런 느낌을 갖습니다.
중요한 일이 있을 때만 쓰는 고급스러운 향의 보디클렌저도 있지요.

당신의 리추얼은 무엇인지 적어 보세요.

다산 정약용의

시 모임 스케줄입니다.

"살구꽃이 피면 모이고,

복숭아꽃이 피면 모이고,

한여름 참외가 익으면 모이고,

초가을 연꽃 구경을 위해 모이고,

국화가 피면 모이고,

겨울철 큰 눈이 내리면 모이고,

연말에 화분에 심은 매화가 피면 모인다.″

#75

친구들과 모임 스케줄을 이런 식으로 잡아 두면 어떨까요?

그 꽃구경을 하기 좋은 곳에서,

꽃에 어울리는 음식과 술도 고려해서 만나는 거죠.

이미 약속을 잡을 때부터 기분이 좋을 듯합니다.

동교동의 북카페 겸 편집숍인 '1984'에는
교정쿠폰이란 게 있습니다.
책의 발췌문이 쓰여 있는 쿠폰인데
음료 한 잔에 한 군데씩 틀린 곳을 교정해 줍니다.
열 군데 교정을 다 받으면 음료 한 잔이 무료.
너무 컨셉추얼하고 귀엽네요.

#76

음료 쿠폰조차도 브랜드의 색깔을
드러내도록 디자인할 수 있군요.

당신이 북카페 운영자라면
또 어떤 걸 만들어 보겠습니까?

#77

오키나와에서는 매년 10월 보름달이 뜨는 날에
'문라이트 마라톤'을 개최합니다.
달리는 동안 해가 저물고, 석양을 보며 달리다 보면
어느새 보름달이 떠오릅니다.
달빛 아래 달리기라니 낭만적입니다.

밤과 낮을 바꿔 봅시다. 낮잠과 낮술은 더 달콤하지요.
(새벽에 먹는 라면은 두말하면 잔소리고요.)

시간대를 바꾸는 것만으로도
새로운 아이디어가 됩니다.

#78

일상에서 미묘하게 사람을 힘들게 하는 일 중 하나가
멀티탭에 콘센트를 꽂았다 뺐다 하는 것이지요.
'원터치 클릭탭'은 꽂힌 콘센트를
한 번 더 누르면 쉽게 튕겨 나옵니다.
쓸 때마다 **은근한 쾌감**이 있습니다.

아주 작은 부분이지만
매번 걸리적거리거나 짜증스러운 게 있나요?

그런 게 생각난다면 적어 두세요.

이 문제를 해결할 방법은 없을까요?

'커피티비티Coffitivity'는 실제 카페에서
녹음된 적당량의 소음으로
창의적 작업의 생산성을 높여주는 앱입니다.
대학가 카페의 학구적 두런거림부터
브라질 카페의 음악적인 재잘거림까지,
소음의 종류도 다양합니다.

ASMR이 하나의 장르가 된 요즘입니다.

당신이 아이디어를 떠올리기 좋은 환경이 있나요?

-
-
-

거기에 필요한 건 무엇입니까?

-
-
-

소리는 어떤가요?

-
-
-

제게는 마음을 편안하게 해 주는 몇 개의 음반이 있습니다.
당신도 스스로에게 도움이 되는 소리 환경을 알아두면
유용할 거예요.

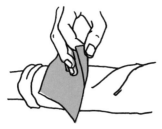

3M에서 유용한 게 나왔군요.
옷에 묻은 먼지나 동물 털을 떼는 테이프인데
자그마한 사이즈로 **한 장씩** 쓸 수 있습니다.
휴대하고 다니거나 사무실 서랍에 넣어 두기에도
좋겠네요. 털갈이 시기엔 더욱 유용하겠습니다.

롤러 형태로 된 테이프는 많이들 사용하고 있죠.
하지만 가지고 다니기엔 불편했습니다.
무엇이든 '휴대용'을 상상해 보면 꽤 재미있지요.
옛날엔 휴대용 축음기도 있었는걸요.

당신에게 '휴대용'이 있었으면 좋겠다, 싶은 건 뭐가 있습니까?

브라 버너 Bra Burner. 전투적 페미니스트를 지칭하는 말이라고 합니다. 1968년 애틀랜틱시티에서 미스 아메리카 대회에 반대해 집회가 벌어졌는데, 그에 대한 과장 보도였던 '브라를 불태웠다!'는 기사에서 비롯된 표현이라네요.

–

격한 느낌이 바로 전달되지 않습니까? '전투적 페미니스트'라는 말보다 더 현장감 넘치는 표현 같습니다. 이런 표현은 또 뭐가 있을까요? 등골 브레이커? (아닌가요…)

뉴욕에 있는 레스토랑
'FIVE NAPKIN BURGER'.
이곳의 버거를 먹으려면 육즙이 흘러넘쳐
냅킨 다섯 장이 필요하기 때문에
붙은 이름이라고 합니다.
육즙을 말하는 우회적인 방식.

#82

이런 네이밍 재미있죠.
직접적이지 않은데 육즙이 흘러넘친다는 건 잘 전달되면서도
호기심을 불러일으키고 잊기 힘듭니다.

당신이 레스토랑을 만든다면 주메뉴는 뭘까요?

그 메뉴의 가장 큰 특징은 뭘까요?

그걸 우회적으로 표현하는
레스토랑 이름을 지어 보세요.

체호프는 사할린 여행기에서 여행자에게
세 가지 충고를 했습니다.

1. 신발값을 아끼지 마라.
2. 수첩을 가지고 다녀라.
3. 독서와 예측으로 얻은 정보는 언제든지 수정하라.

세 번째가 특히 마음에 듭니다.

83
#

여행 가방에 이 다이어리를 넣는 걸 잊지 마세요.
독서와 예측으로 얻은 정보가 어긋날 때면 이곳에 적어 두시길!

무인양품無印良品의 **프리컷**Free-cut 비옷은
착용자의 사이즈에 따라 소매와 길이를
자를 수 있도록 점선이 표시되어 있습니다.
마찬가지로 각자의 욕실 사이즈에 맞출 수 있는
프리아웃 샤워커튼도 있습니다.

아주 간단한 아이디어인데 왜 이런 생각을 미처 못 했을까요!
또 크기에 맞게 자를 수 있도록 점선을 표시해 두면
편할 물건은 뭐가 있을지 생각해 봅시다.

85

헤비메탈이 국민가요인 나라 핀란드에는 **어린이 대
상** 헤비메탈 밴드인 '헤비사우르스'가 있습니다. 공
룡 분장을 하고 메탈 음악을 공연하는데 어린이들의
청력 보호를 위해 음량은 85데시벨을 넘지 않도록
합니다. 폭발적 인기를 누리는 밴드입니다.

–

문화의 상대성이란 참 재밌습니다. 핀란드 사람들이 우리나라 아
이들을 보면 모두 아이돌 흉내를 내는 게 정말 신기하겠죠. 여행
을 다니며 아이들을 대하는 문화가 달라 신기했던 기억들을 적어
봅시다. 네덜란드 아이들은 공영방송을 통해 나체 출연자들을 스
스럼없이 접한다든가 하는.

#86

미국의 사주를 받은 쿠데타 세력에 맞서
끝까지 대통령궁을 지키다 폭사했던
칠레의 살바도르 아옌데Salvador Allende 대통령.
현장에 남은 그의 두꺼운 **뿔테안경 한쪽**은
그의 죽음을 기리는 상징적 조형물이 되었습니다.

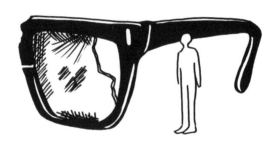

우리는 김구 선생의 동그란 안경이나
피아니스트 백건우의 흰색 터틀넥처럼
그 사람이 애용하는 물건이나 옷차림으로
누군가를 기억하기도 합니다.
주변에 그런 사람이 있나요?

항상 담배를 물고 있다든가 카메라를 메고 다닌다든가 하는.
그 사람의 인상을 한번 그려 보세요.

토베 얀손Tove Jansson의 《즐거운 무민 가족》 시리즈
책날개에 적힌 말입니다.
이런 나라에서 살고 싶군요.

모자 끝에서 장화 끝까지
삶의 기쁨이 넘치는 나라

이 바다와 땅과 하늘 어딘가에는

괴짜는 괴짜대로 이해받고

겁쟁이는 겁쟁이대로 사랑받고

고집쟁이는 고집쟁이대로 존중받고

꼴찌는 꼴찌대로 위로받고

모두가 자유를 사랑하고

모두가 하고 싶은 일만 하고

모두가 모두를 위하며 사는

작고 작은 생물들만의 세상이 있다.

#87

이런 나라에서 자기가 하고 싶은 일만 하며 살 수 있다면,

당신은 어떤 일을 하고 싶습니까?

놀다 놀다 지친 후에 말이죠.

-
-
-
-
-
-
-
-
-
-
-
-
-
-
-
-
-

역사상 가장 유명한 PPL 제품 중 하나는
영화 〈E.T.〉에서 엘리엇이
이티를 유인한 **초코볼**입니다.
M&M's에 제안했다가 거절당해
경쟁사 허쉬의 Reese's에게 몫이 돌아갔고,
그게 얼마나 큰 행운이었는지는
곧 모두가 알게 되었지요.

#8
8

요즘은 PPL이 워낙 많이 등장하니
억지스러운 경우도 많습니다.
PPL은 극의 스토리나 캐릭터의 성격과
정확히 맞아떨어질 때 위력이 생깁니다.

당신이 인상적으로 기억하는
PPL은 뭐가 있습니까?

칸영화제의 최고상은 황금종려상입니다.
영화제의 심벌도 **종려나무**지요.
알고 보니 이것은 프랑스의 시인이자 극작가이자
영화감독이자 다재다능한 예술가였던
장 콕토Jean Cocteau의 디자인이라고 합니다.

–

베를린영화제의 상징은 곰입니다.

베를린시를 상징하는 동물이기도 하지요.

동물 심벌이 아닌 유려한 선의 식물 심벌은

우아한 느낌을 줍니다.

우리나라의 장수 로고인 '유한양행' 로고는 버드나무지요.

식물로 로고를 만든다면 어떤 게 나올 수 있을까요?

꽃이나 이파리, 나무, 풀, 씨앗, 뿌리, 숲이

로고가 될 수도 있겠지요.

–

90

폴 매카트니는 세 시간 넘는 공연에도 지치지 않는
비결을 채식과 명상이라 말합니다. 그는 일주일에 하
루라도 고기를 먹지 말자는 캠페인을 이끌고 있습니
다. 'MEAT FREE MONDAY.'

요일을 붙이면 더 실행 가능한 캠페인으로 느껴
진답니다. 매일이 아니라 일주일에 하루 정도는
지킬 수 있을 것 같거든요. 당신도 목표하는 신
념을 (아니면 식이 생활 목표라도) 지키는 요일을
정해서 자신의 캠페인으로 만들어 보세요.

광화문 흥국생명 앞의 거대한 설치작품 **해머링 맨**은
원래 1년 중 단 하루, 노동절에만 망치질을 멈추었다
고 합니다. 그런데 이제는 토요일과 일요일 그리고
공휴일에도 쉰다고 하네요.
휴일엔 꼭 쉬어요, 해머링 맨.

노동의 숭고한 가치를 드러내려고 제작한
설치작품인 만큼 노동절을 지킨다는 규칙
이 작품의 의미를 더 잘 드러내 줍니다. 집
에 인형이 있습니까? 그 인형에게 규칙이
나 설정을 입힌다면 어떤 게 될까요?

#92

대구에는 **나이 많은 동물**을 위한 병원이 있습니다.
오원석 황금동물병원의 '노령동물의학연구소.'
병원 안에는 커다란 거북이가
느릿느릿 걸어 다닌다고 합니다.

사람 요양병원이 있듯이
노령 동물들을 위한 케어는 달라져야겠지요.
'노령동물의학연구소'가 있는 병원이라면
제 나이 많은 고양이를 데려갈 때 조금 더 든든할 것 같습니다.
반려동물 관련 사업이나 시설은 앞으로 더욱 늘어날 겁니다.

또 어떤 특화된 분야가 생길까요?
상상해 보세요.

노하라 히로코野原廣子의 만화책
《이혼해도 될까요?》는 표지를 뒤집으면
핑크색의 《행복이 가득한 집》이라는 표지로 바뀝니다.
지하철에서 읽거나 집에 꽂아 두어도
눈치 보이지 않도록 하는 **페이크**Fake **북 커버**지요.

#93

당신의 책장에서
가장 부끄러운 제목의 책을 한 권 고르세요.
그 책의 페이크 북 커버에는
어떤 제목을 붙이면 좋을까요?

캐나다식 슈트(Canadian Suit 또는 Canadian Tuxedo)는
아래위 모두 데님으로 된 옷을 입는 것,
즉 **청-청 패션**을 일컫는 말입니다.
표현이 참 재밌죠.

#94

당신이 요즘 가장 즐겨 입는 옷 스타일링을 떠올려 보세요.
그리고 그것의 이름을 지어 보세요.(되도록 국적을 넣어서요.)
'러시안 레이싱 팀'이라든가 '멕시칸 드러머' 같은.

경상남도 남해군에는 '바게트호텔'이 있습니다.
로비는 있지만 객실은 없어요.
이곳은 일러스트레이션+디자인팀인 '키미앤일이'가
만든 가상의 호텔 컨셉트 숍입니다.
그들이 낸 그림책《바게트호텔》을
현실로 만들어 낸 공간이죠.

#95

호텔을 호텔이게 하는 가장 중요한 점은
객실이 있다는 것입니다.
그러나 객실이 없는 호텔도 생길 수 있다면,
또 어떤 장소를 만들어 볼까요?
–

                        교문은 있지만 들어가면 교실은 없고
                        마당만 있는 학교는 어떨까요?
                                            –

공항인데 여권을 보여주고 들어가면 비행기는 없고
활주로에서 뜀박질만 하는 공간은요?
–

일본 〈pen〉 매거진의 슬로건은
'with New Attitude'입니다.
보통은 '라이프스타일 매거진', '하이패션 매거진' 등
내용의 카테고리로 자신을 정의하는데
이들은 태도를 이야기합니다.

규정을 지으면서도
넓고 자유롭도록.

#96

이 다이어리의 슬로건을 지어 봅시다.

이 다이어리는 당신에게
어떤 의미가 되고 있나요?

되도록 다양한 가능성을 품을 수 있는
슬로건을 떠올려 보세요.
'퇴사 이후' 같은 것도 물론 좋습니다.

파리의 레스토랑 '당 르 누아르Dans le noir(In the dark)' 에는 **조명**이 전혀 없습니다. 웨이터는 대부분 시각 장애인입니다. 런던 지점은 영화 〈어바웃 타임〉에도 나오지요. 시각을 제외한 모든 감각에 집중하여 식사 를 하는 곳입니다.

#9
7

북촌에는 '어둠 속의 대화Dialogue in the dark'라는 공간이 있어 이와 비슷한 체험을 할 수 있습니다. 시각은 우리의 감각을 지배합니다. 시각을 차단하면 다른 감각이 훨씬 민감해지죠. 식사를 하거나 꽃향기를 맡을 때, 그저 햇볕을 쬐거나 바람을 맞을 때도 눈을 감아 보세요. 놀라운 차이를 느낄 수 있을 겁니다.

느낀 바가 있다면
이곳에 적어 두세요.

'야쿠르트 아줌마'의 카트 중엔 탈 수 있는 **전동카트**도 있지요. 시속 8킬로미터. 헬멧 착용 필수. 놀랍게도 220리터들이 냉장고를 타고 다니는 셈입니다.

#98

냉장고를 타고 다닐 수 있다면, 또 무엇이 가능할까요? 무엇이든 상상해 보세요. 〈아기공룡 둘리〉의 도우너는 바이올린을 타고 다닌다고요. (아, 바이올린이 아니라 정확한 명칭은 '타임 코스모스'죠.)

'프라이탁Freitag' 하면 트럭 덮개인
방수포로 가방을 만들고 안전벨트로
가방끈을 만드는 브랜드로 잘 알려져 있죠.
프라이탁의 백미는 매장이라고 생각합니다.
종이를 효율적이고도 기상천외하게 써서
판매대와 수납장을 만드는 프라이탁 매장은
그야말로 상상력과 업사이클링 산업의 멋진 만남이자,
그 자체로 인상적인 **전시**지요.

#99

브랜드의 철학이 잘 반영된 매장은
또 어디가 있을까요?

-
-
-

떠오르는 곳이 있다면 적어 두었다가
다음에 갈 땐 디테일을 살펴보세요.

조명은 어떤가요?

-
-
-

재질은요?

-
-
-

색깔은요?

-
-
-

더 발견해 낸 게 있다면
덧붙여 적어 두세요.

#100

코코 샤넬은 조향사 어네스트 보Ernest Beaux가 가져온 향수 샘플 중 **다섯 번째 병**을 골랐고, 그 향수의 이름은 유명한 '샤넬 No.5'가 되었습니다. 5는 코코 샤넬이 특별히 좋아하는 숫자이기도 했죠.

경첩 소음 제거에서부터 껌 자국 없애기까지 온갖 곳에 다 쓰이는 WD-40. 부식방지제로 만든 것 중 40번째 제조법의 성능이 뛰어나서 붙은 이름이라고 합니다. 알고 보면 별 이유도 아니지만, 브랜드 네임에 숫자가 들어가면 신비감과 함께 체계적인 느낌을 줍니다. 숫자가 들어가는 네이밍을 생각나는 대로 써 보세요. 세븐일레븐, 여명808, 쇼핑몰 29cm, 프로듀스101처럼요. 그리고 어떤 느낌인지도 써 보세요.

담양을 여행하다 보면 옛사람들의 **운치** 있는 공간
네이밍에 감탄하게 됩니다.

'식영정=그림자가 쉬어 가는 정자'
'광풍각=맑은 날 바람의 누각'
'제월당=비 갠 뒤 달의 집'
'애양단=햇볕을 사랑하는 담'
(광풍제월은 인품의 경지를 빗대어 표현하는 것이기도 합니다.)

한자어가 아니라도 좋습니다.

당신이 사는 집 또는 방의 이름을 지어 보세요.

작업 공간의 이름을 지어 보세요.

회사의 책상 한 칸이라 하더라도요.

'화장실'과 '해우소(근심을 푸는 곳)'는 엄연히 다른 곳이 됩니다.

#102

길냥이 개체 수 조절을 위해 포획-중성화-방사TNR를 하면 고양이의 귀 끝을 살짝 잘라 표시합니다. 일본은 이를 V자로 자르는데, 그 모양이 벚꽃잎을 닮아 그런 고양이들을 **사쿠라네코**(벚꽃 고양이)라고 부릅니다.

'중성화된 고양이'와 '벚꽃 고양이'도 엄연히 다르죠.
당신이라면 둘 중 어느 고양이가
더 사랑스럽게 느껴질 것 같습니까?
브랜드에 '펫네임(애칭)'이 붙는 경우들이 있지요.
이를테면 에스티로더의 '어드밴스드 나이트 리페어
싱크로나이즈드 리커버리 콤플렉스'는
'갈색 병'이라는 펫네임으로 훨씬 더 유명합니다.
애칭은 친근함을 불러일으킵니다.
사람들이 길냥이들을 더 친근하게 느낀다면 좋은 일이겠죠.

103

100년이 넘은 야구장인 보스턴 레드삭스의
펜웨이 파크Fenway Park 구장 우측 외야석에는
녹색 의자들 사이 단 하나의 **빨간 의자**가 있습니다.
1946년 테드 윌리엄스가 친
최장거리 홈런볼이 떨어진 자리라고 합니다.

펜웨이 파크의 오랜 역사는 그곳만의 자산입니다.

당신의 집에 있는 흠이나 낡은 곳들을 찾아보세요.

가구가 긁혔나요?

문이 콕 찍혔나요?

한쪽 벽지가 바랬습니까?

바닥에 얼룩이 있나요?

그곳에 얽힌 이야기들이 생각난다면 적어 보세요.

집안 곳곳에는 역사가 쓰여 있습니다.

미용 제품 사업을 하다 부도 후
분당 서현역 앞 좌판에서 메이크업 브러시를
판매하던 아저씨가 있었습니다.
친절하고 싸다고 SNS를 통해 파다하게 입소문이 난 뒤
3년 만에 홍대에 정식 매장을 냈지요.
홍대입구역 근처지만 간판에는
'서현역브러쉬'라고 쓰여 있습니다.

#104

좌판에는 간판이 없었지만
입소문은 '서현역브러쉬'라고 났습니다. 이게 펫네임이지요.
'홍대역브러쉬'로 바꾸지 않은 건 현명한 일입니다.

당신에게 자연스럽게 붙은 별명 중
맘에 드는 게 있나요?

그럼 굳히기에 들어가 자기 걸로 만드세요.
덩치 컸던 야구선수 조지 허먼 루스 주니어는
누구나 '베이브(아기) 루스'로 기억하는 사람이 되었지요.

임스 체어로 유명한 임스 부부에게
(정확히는 찰스 임스에게) 인터뷰어가 물었습니다.
"의자 아이디어는 언제 떠오른 겁니까.
 면도하다가인가요?"
"아뇨. 그건… 한 **30년 동안** 떠오른 거예요."

#105

찰나에 아이디어가 떠오른다 하더라도
사실은 그 한 방울이 넘치기까지 차오르는 시간이 걸리지요.

당신이 지금 굴리고 있는
아이디어가 있습니까?
여기 써 두세요.

-
-
-
-
-
-
-
-
-
-
-

이 다이어리를 사용하는 동안
생각날 때마다 조금씩 발전시켜 보세요.

"히로마사, 이 세상에서 **제일 짧은 주문**呪은 뭘까."

"…?"

"이름이야."

— 오카노 레이코의 만화 《음양사》 중

#106

단순한 이름을 짓는 것과 아무렇게나
이름을 짓는 것은 천지 차이입니다.
뻔한 이름이라도 강아지에게
'메리'나 '해피'라는 이름을 짓는 건 정겹고 좋아요.
하지만 악취미적인 이름을 붙이지는 마세요.
이름의 영향력을 기억하세요.

부르면 기분 좋은 이름들을 여기 적어 보세요.
친구 이름이든, 고양이 이름이든, 브랜드 네임이든.

———	———
———	———
———	———
———	———
———	———
———	———
———	———
———	———

12년 넘도록 수많은 이들이 훔쳐갔던 버진항공사의 **소금·후추통**입니다. 디자이너에게 의뢰해서 만든 귀여운 모습 탓에 사람들이 하도 많이 가져가자 밑바닥에 '버진항공에서 슬쩍함(Pinched from Virgin Atlantic)'이라고 써 두어서 웃음을 줬지요.

#107

Day| Month| Year| Weather|

'가져가지 마십시오'보다 더 강력하고 재밌습니다.

위트 어린 카피는 (이런 상황에서조차!) 호감을 주지요.

어느 헬스클럽 샤워장에는 이렇게 적혀 있다는군요.

'회원님 물을 사용하지 않을 땐 버튼을 당겨 주세요.

흐르는 세월은 막을 수 없지만

흐르는 물은 멈출 수 있습니다.'

아마도 '절수'라고 적힌 것보다 더 효과적이지 않을까요?

자제를 권해야 할 일이 있다면 조금이라도

부드럽고 위트 있는 방식을 고민해 보세요.

한술 더 떠
독일의 친환경 코스메틱 브랜드의 이름은
아예 'Stop the water while using me!'입니다.
브랜드 네임에서 이들의 **철학**을
정확히 알 수 있습니다.

브랜드는 어떤 철학을 담는 그릇입니다.

철학 따로, 사업 따로가 아니에요.
신념, 생각, 약속을 잘 담은 브랜드가
오랫동안 원칙을 지켜 간다면
그것은 스스로 강력한 메시지를 전하게 됩니다.
'더 바디샵The Body Shop'을 만든 아니타 로딕Anita Roddick은
이렇게 말하곤 했습니다.

> "화장품 사업은 과대포장에 쓰레기를 양산하며
> 특히 여성들에게 이뤄질 수 없는 꿈을 파는 악덕 산업."
> "주름제거 크림을 바르면 주름이 사라진다고?
> 절대 아니다. 차라리 포도주를 사는 데 그 돈을 쓰는 게 낫다."

당신이 삶을 통해
지켜 가고 싶은 신념은 무엇입니까?
당신에게 중요한 가치를 생각해 보세요.

#*109*

골프, 폴로, 파사트, 제타, 시로코 등 폭스바겐 자동차 이름은 대부분 지구 어딘가에 부는 **바람의 이름**입니다. 골프는 멕시코만의 강한 바람, 폴로는 북극 찬바람, 파사트는 무역풍, 시로코는 아프리카에서부터 지중해를 건너 불어오는 바람이지요.

이름을 특정한 군群에서 따오다니 재미있습니다.
당신이 슈퍼히어로 그룹을 창조한다고 생각해 봅시다.
그들의 이름을 모두 특정한 군 안에서 나오도록 설정해 볼까요?

평원의 맹수 무리?
고래 종류?
아니 문구류는 어떻습니까?
영화 장르명에서 따와 볼까요?

슈퍼히어로들의 이름을 지었다면,
각각의 이름에 맞는 슈퍼파워는 어떤 것일까요?

—

—

—

—

—

—

—

—

—

—

—

파독 간호사와 광부들이 은퇴 후 귀국해 사는 마을인 남해 독일마을. 매년 10월이면 독일처럼 **옥토버 페스트**를 개최합니다. 독일에서 공수해 온 오크통 맥주를 터뜨리며 독일맥주축제의 포문을 엽니다.

#110

전통이라는 것도 씨앗처럼 그것을 품은 사람들이 다른 토양으로 건너가 피워 내기도 하는 것입니다. 당신이 만약 외국에 정착해 살게 되었는데, 가끔 한국의 문화를 되새기거나 한국에 있을 때의 흥을 느껴보고 싶다면 어떤 행사를 기획할 것 같습니까?

감각적인 뉴스레터를 발행하기로 유명한 보디제품 브랜드 이솝Aesop은 **25주년**을 맞았을 때 화려한 자화자찬 프로모션을 하기보다는 **25권**의 책과 전 세계 **25곳**의 서점을 정리한 뉴스레터를 조용히 내놓았습니다.

'브랜드의 영적 성장에 일조한
문학에 감사를 전하며.'

#111

보디제품 브랜드가 문학에 감사를 전합니다.

어떤 성과물에 영감을 주는 것은 꼭 그 분야만이 아니죠.

당신이 하는 일 또는 당신 자체의 영적 성장에
일조하는 분야는 어떤 것들이 있습니까?

여행이나 수영, 영화나 드라마, 만화책이 될 수도 있겠지요.

한 분야를 선정했다면, 그에 대해 좋은 점이나

당신의 최애 작품 리스트를 만들어 볼까요?

음, 당신의 나이 수만큼 뽑아보면 어떨까요?

1990년대부터 익스트림 스포츠를
후원하던 마운틴듀Mountain Dew는 2005년,
직접 '듀투어Dew Tour'라는
익스트림 스포츠 대회를 열어
세계적인 대회로 키워냈습니다.

브랜드의 성격을 구축하는 일은
무수히 다양한 방식으로 이루어집니다.

#112

에너지 드링크인 레드불Red Bull은 3년에 한 번씩
레드불 페이퍼 윙즈Red Bull Paper Wings라는
종이비행기 날리기 세계 대회를 개최합니다.
오래 날리기, 멀리 날리기 등의 기록을 겨루는데,
에너지를 끌어올려주는 제품 이미지와 닿아 있죠.

구글의 딥마인드가 개발한 AI 바둑 프로그램인
'알파고'를 띄우기 위한 이벤트는 뭐였죠?
이세돌 등 바둑 명인과의 대국이었습니다.

당신이 브랜드를 홍보하기 위한
대회를 개최한다면 그건 어떤 것이 될까요?

애니 배터리 플래시 라이트.
일본의 대지진 이후 파나소닉Panasonic에서
개발한 랜턴입니다.
네 개의 소켓이 있어 크기가 다른
아무 건전지나 사용할 수 있습니다.
하나씩 남는 건전지를 넣어두면
위급 시 유용하겠지요.

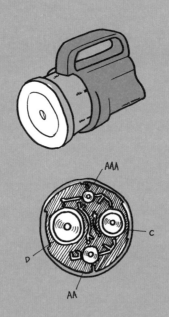

배터리의 규격을 맞추고 같은 크기를 나란히 넣으면
오래 쓰고 효율도 좋겠지요.
하지만 위급 상황에서는 그게 중요한 게 아닙니다.
늘 한두 개 남게 되는 건전지를 넣어두면
급할 때 요긴하게 쓰겠지요.
꼭 한둘씩 남게 되는 건 또 뭐가 있을까요?
메모패드? 새 걸로 바꿨지만 버리긴 아까운 지갑?
오늘, 딱 하나라도 새로운 용도를 부여해 자리를 정해 줍시다.

귀여운 디자인의 호두 **까는 기구**입니다.
부드러운 나무의 촉감이 좋고 힘이 별로 안 들어서
자꾸만 호두를 까게 되네요.
작은 건 은행 등을 까는 데 쓰입니다.

껍질이 단단한 호두를 까는 도구는
문화권마다 다양하게 만들어졌습니다.
지렛대, 톱니, 나사 등 갖가지 원리가 동원되었고
장식성을 강화한 호두까기 인형도 있지요.

당신이 호두까기를 만든다면
어떤 형태가 될까요?
그려 보세요.

호두를 내리칠 벽돌을 그려도 얼마든지 좋습니다.
당신만의 호두까기 인형이나 호두까기 미니카도 좋고요.

홋카이도 오비히로의 **포장마차 촌**. 비어가는 도심을 활성화하기 위해 시에서 육성하는 '그룹 노점상'입니다. 3년간 입주해 노하우를 익히면 근처 점포에서 개업하도록 도와줍니다. 전국적으로 인기 있는 곳이 되었지요.

#115

노점상과 좌판은 철거만이 답일까요? 오히려 양성하는 것은 어떻습니까? 당신이 잘 이용하는 노점상이나 좌판, 또는 작은 가게들이 있습니까? 당신이 굉장한 예산과 권한을 가진 시장이라고 생각하고 개선 방안을 모색해 봅시다.

곰돌이 푸에 나온 푸스틱Poohsticks이란 놀이가 있습니다. 다리에서 떨어뜨린 나뭇가지가 반대편으로 **제일 처음** 흘러오면 이기는 썰렁한 게임입니다. 1984년부터 영국 템스강에선 매년 '월드 푸스틱 챔피언십'이 열립니다. 개인전과 단체전이 있다는군요.

#116

개인이나 팀의 기량을 겨루는 경기도 있지만 세상에는 이렇게 그냥 운에 맡기고 지켜보는 경기도 있습니다. 당신이 이런 경기를 디자인한다면 무얼 만들겠습니까? 감나무 밑에 입 벌리고 누워 있기?

#117

헤어&보디 제품 브랜드 이솝에서는
반려동물용 샴푸도 나옵니다.
사용 안내엔 이렇게 적혀 있습니다.

'동물 혹은 **털이 많은 사람**이
사용할 수 있다.'

요즘은 사이즈를 달리해서 강아지 옷과
사람 옷을 같은 디자인으로 만들기도 하지요.

또 반려동물과 사람이 같이
이용할 수 있는 제품은 뭐가 있을까요?

사람도 개도 먹을 수 있는 아이스크림은 어떨까요?
생각나는 것들을 적어 봅시다.

캘리포니아에 있는 픽사 애니메이션 스튜디오Pixar
Animation Studio의 정원에는 그 유명한 **룩소 주니어**
Luxo Jr.가 거대한 사이즈로 놓여 있습니다.
픽사 애니메이션 로고에 뽕뽕 뛰어들어 와 'I'를 깔아
뭉개는 귀여운 데스크 램프지요.
거대하지만, 여전히 무척 사랑스럽습니다.

오늘의 할 일:

1. 유튜브에서 2분짜리 애니메이션 'Luxo Jr.'를 본다.

2. Luxo Jr.와 Wall-e가 만나는 40여 초짜리 픽사 로고 영상을 본다.

이 두 가지 안에
브랜딩과 캐릭터에 관한
모든 것이 다 있습니다.
모든 움직임을 유심히 보세요.

# #
1
1
8

고급 캠핑장비 브랜드인
스노우 피크Snow Peak 본사는 그들이
운영하는 거대한 **캠핑장** 안에 있습니다.
삼면이 유리로 되어 있고 창밖으로
캠핑하는 사람들의 모습이 보입니다.
바로 스노우 피크 고객들의 모습이지요.

# #
1
1
9

스노우 피크의 호즈키Hozuki 랜턴은
자연스레 깜빡이고, 입김을 불어서 끌 수도 있습니다.
스노우 피크 디자인은 자연에서 영감을 얻은 것이 많습니다.

당신이 작업실을 어디에든 만들 수 있다면
어디에 두고 싶습니까?
-
-
-
-

당신의 일에 영감을 주는
로케이션은 어디일까요?
-
-
-
-

그것은 도서관 복판일 수도 있고
브라질의 해변일 수도 있습니다.

킷캣Kit Kat도 일본에 가면 일본스럽게 변합니다.
팥, 말차, 벚꽃, 딸기.
심지어 **사케맛** 킷캣도 있었지요.
사실 네슬레Nestle사는 전 세계적으로
아주 다양한 맛의 킷캣을 선보여 왔답니다.
진저에일, 간장, 오렌지, 크렘 브륄레,
바나나, 쿠키앤크림, 민트 등등.

#120

당신이
킷캣 스페셜 에디션을 만든다면
어떤 맛일까요?

너무나도 잘 알려진 책《어린 왕자》.
그런데 이 책의 아름다운 헌사를 기억하는 사람은
그리 많지 않을 것입니다.

생텍쥐페리는 이 책을
친구 레옹 베르트에게 바쳤습니다.

이 책을 한 어른에게 바친 것에 대해 아이들에게 용서를 구한다. 하지만 나에게는 그럴 만한 중요한 이유가 있다. 그 어른은 나에게 세상에서 가장 좋은 친구이기 때문이다. 또 다른 이유도 있다. 그 어른은 모든 것을 다 이해할 수 있다. 심지어는 아이들을 위한 책까지도 말이다. 세 번째 이유는 이것이다. 그 어른은 프랑스에 살면서 배고프고 춥다는 것. 그러므로 그는 위로받을 필요가 있다. 만약 이 모든 이유로도 부족하다면, 이 책을 기꺼이 한 아이에게 바치고 싶다. 예전에 아이였던 그에게. 어른들은 모두 어른이 되기 전에 아이들이었다. 하지만 어른 중에서 그것을 기억하는 사람은 거의 없다. 그러므로 나는 내 헌사를 고쳐서 다시 쓴다.

어린아이였던
레옹 베르트에게

#*122*

갈라파고스 제도에는 **무인 우체국**이 있습니다. 여행
객들은 자기 나라로 가는 엽서를 갖고 돌아와 부쳐줍
니다. 1700년대부터 이어져 오는 이 아날로그 우편
시스템을 움직이는 건 익명의 사람들이 지닌 선의입
니다.

사람들은 이익만을 위해 움직이지는 않습니다. 사람들 안에 있는 자발성과 도우려는 마음을 믿는다면, 그것을 손쉽게 이어줄 시스템만으로 생각 못한 움직임이 생겨날 수 있습니다. 집에 남는 담요나 이불과 그것이 항상 필요한 유기동물 보호센터를 손쉽게 연결하는 방법은 없을까요? 또 어떤 것을 연결할 수 있을까요?

전남 신안군 증도의 볼거리는 **깜깜한 밤하늘**입니다.
2009년 국제깜깜한하늘Dark-sky협회에 가입한 증도는
가로등 조도를 낮추는 등 빛공해를 없앰으로써 국내
에서 가장 눈부시게 빛나는 별들을 갖게 되었습니다.

대도시는 빛공해 때문에 별을 잃어버렸습니다. 소음공해도 심각하지요. 감각 공해란 악취, 진동, 빛, 소리 등 감각기관을 불쾌하게 자극하는 공해입니다. 이런 감각 공해를 줄이려면 어떻게 해야 할까요? 당장 내가 발생시키는 것들, 또 나를 침해하는 것들을 줄이는 방법부터 생각해 봅시다.

미국의 비영리단체 생추어리 농장Farm Sanctuary은 도
축장이나 공장식 농장에서 버려진 동물들을 구조해
치료하고 넓은 **목장**에서 자유롭게 키우는 곳입니다.
비참한 몰골이었던 동물들의 변화된 모습과 표정을
지켜보는 것만으로도 많은 것을 깨닫게 됩니다.

이곳을 견학하는 사람들을 위한
'인간용 헛간'도 마련되어 있습니다.

인간들은 스스로가 동물이 아닌 줄 알지요.

'인간용 헛간'처럼,

너무나 이기적이고

오만한 인간의 착각을 일깨워줄

또 다른 장치들은 뭐가 있을까요?

.
.
.
.
.
.
.
.
.
.
.
.
.
.

.
.
.
.
.
.
.
.
.
.
.
.
.
.

부산 해운대 '소문난암소갈비'에는
냅킨이 없습니다.
수십 년째 손바닥만 한 **갱지**를 씁니다.
기름을 잘 먹고 의외로 편한 갱지는
십 년 만에 온 손님도 "이게 그대로네!"를
외치게 하는 이 집만의 아이덴티티입니다.

#125

당신이 좋아하는 노포老鋪가 있습니까?

그곳의 독특한 점은 무엇입니까?

그곳의 고집이 느껴지거나

역사를 알게 하는 요소는 무엇인가요?

#126

'비행기가 쌍둥이 빌딩에 충돌했을 때,
거기 타고 있던 사람들의 **마지막 전화** 내용 중
그 어떤 것도 증오나 복수의 메시지가 아니었다.
그것은 모두 사랑의 메시지였다.'

_누구나 아는 영화 〈러브 액츄얼리〉 중

당신이 재앙의 한복판에 놓였을 때,

마지막으로 전화를 걸 사람은 누구입니까?

뭐라고 말하겠습니까?

평소에 그 사람에게 그 마음을 전할 방법은 무엇일까요?

말이 아닌 행동으로요.

# #
127

엄격한 품질 기준을 가진 고품질의 **울**에만 부착되는 울마크WOOLMARK. 100%의 울 제품에만 사용되는 울마크 로고에는 다섯 개의 균일한 검은색 라인이 있으며, 혼용률에 따라 검은색 면의 비율이 달라집니다.

Day| Month| Year| Weather|

글자로 설명하지 않아도 이해할 수 있는 그림 마크들이 있지요.
예전에 한남동의 한 레스토랑에서 어느 외국인이
제게 '어디가 남자 화장실이냐'고 물은 적이 있습니다.
화장실 문에는 고추와 부채가 그려져 있었습니다.
외국인으로선 이해할 수 없는 그림 기호였죠.

당신의 작업실을 뜻하는
그림 마크를 그려 봅시다.

되도록 누구나 이해하기 쉽게요.
그리고 '작업 중', '쉬는 시간', '작업 완료'의
세 가지 형태로 변형해 보세요.

아침에 도저히 눈이 안 떠져

5분만 더 자고 싶을 땐

휴대폰 알람을 설정하는 것도 귀찮지요.

이 큐브 **타이머**는

그냥 5가 위쪽으로 가게 내려놓기만 하면 됩니다.

각 면에 5, 15, 30, 60분이 있습니다.

# #
128

또 어떤 형태의 타이머가 가능할까요?

과제는 잠결에라도 쉽게 시간을
설정할 수 있어야 한다는 겁니다.

물 부족 국가를 위해 디자인된 물통 Q-drum. 적은 힘으로도 한 번에 많은 물을 옮길 수 있으며 끈이 떨어지면 새끼줄 등으로 대체할 수 있습니다. 너무나도 심플하고, 너무나도 **효율적인** 디자인입니다.

#129

새로운 발상으로 잘 디자인된 물건이 있다면 많은 사람의 삶까지
도 바꿀 수 있습니다. 부족함을 해결하기 위해 나온 물건은 아닙
니다만, 당신의 휴대폰이 당신의 삶을 얼마나 바꾸어 놓았는지에
대해 생각해 보세요. 당신의 자세를 포함해서요.

바르셀로나에 있는 아이스크림 앤 프렌즈.
각기 다른 맛의 **아이스크림 몬스터**들은
동그란 눈을 달고 나옵니다.
브랜드 네임도 Icecream이 아니라
Eyescream이라고 쓰지요.

설탕으로 만들었기 때문에 눈도 먹을 수 있다고 하는군요.
가끔 도시락을 얼굴 모양으로 만든 사진을
웹에서 볼 때가 있죠.

오늘 먹는 음식을
얼굴 모양으로 만든다면
어떻게 할 수 있을까요?

달걀노른자에 김으로,
오므라이스 위에 케첩으로 그릴 수도 있겠고,
콩이나 마늘 편 두 개를 눈처럼
나란히 놓기만 해도 얼굴처럼 보인답니다.
인간의 뇌는 그렇게 진화되었다고 하죠.

1970~80년대 유명 그룹 '쿨 앤 더 갱Kool and the gang'을 철자 하나만 바꿔서 만든 런던 태생의 위트 있는 뜨개질 브랜드 '울 앤 더 갱Wool and the gang.' 두툼한 **털실**과 커다란 바늘로 누구나 쓱쓱 쉽게 뜨개질할 수 있는 키트를 제공하는데, '페이스북 세대에게 니팅 붐을 일으켰다'는 평을 받지요.

#131

뿐만 아니라 카피들이 참 귀여워요. TLC의 앨범 제목 'Crazy Sexy Cool'을 패러디해 'Crazy Sexy Wool'이라는 털실이 있는가 하면 엘비스 프레슬리의 노래 제목 'Love Me Tender'를 바꾼 'Wool Me Tender'도 있습니다. 소셜 네트워크를 소셜 니트워크Knitwork로 표현하질 않나. 참 센스 있는 브랜드예요. 당신이 보드라운 털실 이름을 노래와 관련해 지어 본다면 뭐라고 하겠습니까?

———   ———

———   ———

———   ———

———   ———

———   ———

———   ———

———   ———

———   ———

———   ———

———   ———

———   ———

———   ———

갤러리아 백화점 **슈퍼마켓**에는
바이 빅 / 바이 스몰 코너가 있습니다.
생수. 휴지 등 부피가 큰 물건을 진열하는 대신

바코드 패널만 카트에 넣으면
계산대에서 가져다주는 바이 빅.

1, 2인 가구를 위해 앙증맞은
소포장 제품만으로 구성한 바이 스몰.

6개들이 생수 팩을 카트에 넣고
돌아다니지 않아도 된다니 참 좋습니다.
슈퍼마켓의 진열 방식에도
다양한 아이디어들이 동원되지요.

당신이 슈퍼마켓의 진열을
마음대로 할 수 있다면
어떻게 하겠습니까?

-
-
-
-
-
-
-
-
-
-
-
-

저라면 양쪽에 맥주들만 쫙…
아, 그게 이미 있는 '비어 슈퍼'로군요.
당신만의 마음대로 슈퍼를 만들어 보세요.

나가사키엔 '토루코(터키) 라이스'라는 음식이 있습니다. 볶음밥과 스파게티 **가운데** 돈가스를 올린 희한한 메뉴입니다. 터키가 아시아와 유럽을 잇는 나라라서 그런 이름이 붙었다는 설도 있는데 재미있는 네이밍입니다.

자, '토루코'를 또 어디다 붙여 볼까요? 김밥과 감자튀김 사이에
샐러드를 놓고 '토루코 롤'이라고 하거나, 저고리와 청바지 사이
에 '토루코 벨트'를 차거나… (아 이건 너무한 것 같습니다.)
'토루코'를 붙인 가상의 동서화합 스타일을 만들어 보세요.

카렌 블릭센Karen Blixen의 책 《아웃 오브 아프리카》에
는 케냐의 원주민 아이들이 그녀에게 시를 지어 읊어
달라고 조르는 부분이 나옵니다.
이보다 아름다운 시의 정의도 찾기 힘듭니다.

'또 해주세요. **비**처럼 말하는 거요.'

'비처럼 말하는 것.'
시를 또 어떻게 표현할 수 있을까요?

미국 시인 에드윈 A. 로빈슨Edwin A. Robinson은 젊어서 **짧은** 시를 쓰다가 점점 긴 시를 썼는데 이런 말을 남겼습니다.

'예순이 넘고 보니
시를 짧게 쓰는 것이 너무 힘들구나.'

처칠도 이렇게 말했지요.

'오늘은 긴 연설을 하겠습니다.
 짧은 연설을 준비할 시간이 없었습니다.'

말이나 글이 자꾸 장황해진다면
조금 더 시간을 들여서 줄일 여지가 있는지 살펴보세요.
보고서나 파워포인트 자료도 줄일수록 강력해집니다.

아이돌 그룹 엑소EXO의 로고들입니다.
기본 로고를 바탕으로 계속해서 **변주**되는데
무척 흥미롭습니다.

요즘 아이돌들은 다 BI가 정해져 있습니다.
로고와 서체, 컬러를 고심해서 내놓죠.
한번 유심히 살펴보세요.

당신의 맘에 든 BI는 어떤 것입니까?
그게 그 아이돌 그룹의 어떤 면을 반영한 것 같나요?

#136

#137

연희동의 랜드마크인 **사러가** 쇼핑센터.
50년 된 정겨운 이름이지만 실제로 가보면
세련되고 이국적인 느낌을 주는 대형 마트입니다.
한번 들으면 잊을 수 없는 이름.
외국인도 쉽게 발음하는 이름 SARUGA.

우리말을 영어로 표기했을 때 발음이 편하고
자연스러운 것들이 있습니다.
현대카드보다는 하나카드가 표기도 쉽고 발음도 쉽죠.

외국인들에게 발음이 쉬운 브랜드와
그렇지 않은 브랜드는 어떤 게 있을까요?

유니클로에는 다른 패션 브랜드와는
확연히 다른 개성이 있습니다.
브랜드를 만들 때부터
남다르고 명확한 컨셉을 바탕으로
시작했기 때문입니다.

그것은
'옷은 패션의 **부품**이다'라는
개념입니다.

저 슬로건을 생각해 보며 유니클로 매장에 가 보세요.
속옷부터 양말, 외투, 모자까지 체계적으로 착착 갖춘
거대한 '공구통'에 들어온 느낌이 들 겁니다.
볼트, 너트 등등이 크기별로 들어 있는 공구통이요.
그게 바로 개념부터 다르게 출발한 브랜드의 차이입니다.

#139

뉴욕에 사는 한 남자가
자신의 다섯 살짜리 시바견에게
옷을 입혀 사진을 찍기 시작했습니다.
이 개는 맨즈웨어 도그Menswear Dog라는 이름으로
유명해져서 아메리칸 어패럴 등
다양한 브랜드의 **모델**이 되기도 했습니다.

옷을 멋지게 소화할 수 있다면 시바견도
패션모델이 될 수 있습니다!
또 다른 시도를 생각해 볼까요?
윌 스미스와 제이다 핀켓 스미스의 아들 제이든 스미스는
루이비통 여성복 모델로 섰지요.
아무런 위화감이 없었습니다.

새로운 시도를 상상해 봅시다.

#140

터키엔 집 없는 동물들이 많습니다.
푸게돈Pugedon이라는 회사는
페트병 등 재활용 쓰레기를 넣으면
사료가 나오는 **자판기**를 만들었습니다.
동물을 보살피는 마음과 쓰레기를 줄이는 행동이
자연스럽고 쉽게 연결됩니다.

캣맘과 동네 주민들의 갈등은 자주 목격되지요.
이 자판기처럼 동네의 유기동물들이
밥을 먹는 고정적인 자리를 만들면 어떨까요?
자판기여도 좋고, 아이들이 놀이기구를 타면 사료가 나와서
동물들을 구경할 수 있는 곳도 재밌겠지요.

#141

러시아에서 시작돼 영국 등 여러 나라에서 성업 중인
카페 체인 지퍼블랏Ziferblat은 커피 값이 아닌 분 단
위 **시간 값**을 받습니다. 탁상시계를 골라 테이블에
올려놓으면 커피, 비스킷, 과일, 채소 등을 마음껏
이용할 수 있습니다.

카페는 마이크로 부동산이라고들 말하죠. 음료를 마시는 곳이기도 하지만 실은 잠깐씩 자리를 빌리는 곳이기도 합니다. 음료 한 잔으로 네다섯 시간씩 앉아 있는 손님은 운영에 부담이 되지요. 카페의 역할에 따라 시간당 요금으로 생각을 전환하는 것도 정당할 것 같습니다. 당구장이나 주차장은 시간당 요금을 받지요.

또 시간당 요금으로 바꿔볼 수 있는
사업 영역은 무엇이 있을까요?

-
-
-
-
-

또는 현재 시간당 요금으로 운영되는 곳을
다르게 바꿔볼 수도 있을까요?

-
-
-
-
-

#142

홋카이도의 삿포로 맥주 박물관에 가면 지금도
옛날 삿포로 로고가 그려진 잔을 살 수 있습니다.
1876년에 태어난 삿포로는
일본에서 가장 오래된 맥주 브랜드지요.

당신의 취미와 연관된 박물관을 만든다면,
거기엔 어떤 전시품들이 있을까요?

–

–

–

–

그리고 그 박물관의 기념품은 어떤 것들로 만들겠습니까?

–

–

–

–

#143

용인의 모나미 사옥에는
거대한 모나미153 볼펜이 붙어 있습니다.
일본 긴자에 있는 문구점 이토야ITO-YA 본점에는
거대한 클립이 있지요.

당신이 하는 일을
상징하는 도구가 있습니까?

그 도구가 아주 커다랗게 건물 외벽에
붙어 있다고 상상해 보세요.
그 모습을 그림으로 그려 보세요.

고대 인도의 사제들은
'주변의 모든 것, 즉 동물과 식물 그리고
인간들은 모두 똑같이 신의 숨결이다'라는 의미를
경구로 만들어 마음에 새기게 했습니다.

타트 트밤 아시Tat Tvam Asi. 해석하면
'그것은 바로 너다'라는 뜻입니다.
멋진 슬로건(?)이라고 생각합니다.

144

경이로운 과학 다큐멘터리 〈코스모스〉를 보면
인간과 다른 생물들
(떡갈나무, 나비, 늑대, 버섯, 상어, 박테리아, 참새…)의
DNA상은 비슷하다고 하죠.
우리는 모두 진화의 결과물들입니다.
인간만이 특별하다는 생각은 우스꽝스러운 착각이죠.
고대 인도 사제들의 말은 결국 어떤 진리를 담고 있습니다.

오늘 하루라도 모든 동물과 식물에 대해
'타트 트밤 아시'라고 생각해 봅시다.

#145

‘태풍의 **길목**에 서면 돼지도 날 수 있다.’

스마트폰 사업으로 크게 성장하고 있는
중국 기업 샤오미의 CEO 레이쥔雷軍이
입버릇처럼 하는 말이라고 합니다.
물론 그 길목을 알아보는 것이 능력이겠지요.

세상은 쉴 새 없이 변하고 있습니다.
앞으로는 지금껏 없었던 일의 영역들이 생겨날 테고
듣도 보도 못한 직업들이 출현할 것입니다.

당신이 몸담고 있거나 진출하고 싶은 분야에서
'태풍'은 어느 방향으로 불고 있나요?

태풍이니 스케일을 훨씬 더 크게 생각해 보세요.

-
-
-
-
-
-
-
-
-
-
-
-
-
-

흔히들 **미쉐린맨**이라고 부르는 미쉐린타이어Michelin
의 마스코트 이름은 '비벤덤'입니다. 100년이 넘도록
왕성히 활동하고 있는 비벤덤은 가끔 타이어로 만들
어진 그의 개와 함께 등장하기도 합니다.

타이어도 팔다리를 갖고 개도 키우며 수십 년간 활동하고 있습니다. 무엇이든 의인화하는 것은 우리나라 간판에서 흔히 볼 수 있는 것입니다만(김밥이 엄지를 치켜들고 있다든가) 비벤덤은 그저 타이어에 눈, 코, 입과 팔다리를 붙인 게 아니죠. 의인화된 마스코트 중에 맘에 드는 게 있습니까? 있다면 여기 그려 보세요.

#146

#147

오늘 마신 귀한 차의 이름은 '백호은침'이었습니다.
찻잎에 하얀 솜털白毫이 송송하고
생김새가 **은바늘**銀針처럼 뾰족하다 하여
붙은 이름이라고 합니다.
영어 이름은 실버 니들Silver Needle입니다.

차의 맛이 아닌 찻잎의 모양 때문에
'은침'이라는 이름이 붙었다니 재미있습니다.
주변의 간식이나 음식의 모양만을 놓고 이름을 지어 볼까요?

—

—

—

—

형태가 무엇을 닮았습니까?

—

—

—

—

색깔은 무엇을 떠올리게 합니까?

—

—

—

—

식감도 살릴 만한 이름이면 좋겠지요.

—

—

—

—

도시 양봉, **옥상 양봉**은 이미 뉴욕, 파리, 도쿄 등
여러 대도시에서 자리 잡은 트렌드죠.
벤처기업 어반비즈 서울UrbanBees Seoul은
'도시가 달콤해지는 투자─허니뱅크'를 운영합니다.
꿀을 미리 사면 허니뱅크 투자자가 되고,
수확 행사에 초대받기도 합니다.

#148

꿀벌이 있어야 식물들도 잘 자라지요.
그저 내버려 둔 옥상 공간을 이용해
꿀벌도 살게 하고 꿀도 수확한다니 바람직합니다.
당신의 집이나 회사 옥상에서 꿀을 수확한다면,

 그 꿀의 이름은 무엇이고
로고는 어떤 형태가 될까요?

# #
149

네 개의 회사가 합쳐져 있던 아우디 로고는 세월이
흐르며 단단히 맞물린 네 개의 **동그라미**로 변하게
됩니다. 네 개의 목소리가 합쳐져 하나의 목소리를
내게 된 것입니다. 강력한 브랜드는 심플합니다.

떠오르는 자동차 엠블럼 다섯 개를 그려 보세요.
그리고 실제 모양을 찾아 비교해 보세요.
가장 잘 기억하고 있는 것은 무엇입니까?
순서를 매겨 보세요.

#150

구례 운조루는 잘 보존된 양반 가옥입니다. 이 집 행랑채의 **나무 쌀독**에는 '타인능해他人能解'라고 쓰여 있습니다. 누구나 열 수 있다는 뜻입니다. 쌀이 없어 굶주리는 가난한 이웃들을 위한 배려의 문구입니다. 새겨둘 만합니다.

노블리스 오블리주의 다른 이름 같지요. '타인능해.' 당신이 아주 큰 부자라면, 사람들에게 어떤 걸 무상으로 제공하고 싶습니까? 저는 자전거를 나눠 주고 곳곳에 무료 자전거 수리점을 세우고 싶어요.

'preloved'라는 표현 참 좋네요.
'전 주인으로부터 사랑받은.'

영국의 **중고** 거래 사이트 이름이기도 하다는데 이곳의 물건은 '중고×라' 매물들보다 왠지 더 사랑받은 물건일 것 같습니다.

'used'와 'preloved'의 차이에 대해 생각해 보세요.

#152

아티스트 솔 르윗Sol LeWitte이
동료 아티스트 에바 헤세Eva Hesse에게 보낸 편지.

'멋있는 걸 만들 생각은 버려.
너만의 고유한 **불품없음**을 창조하라고.
너만의, 너 자신만의 세상을 만들라고.'

인생에도 마찬가지로 적용되는 말인 듯합니다.

'나만의 고유한 볼품없음'이 무엇인지
자주 생각해 보세요.

#153

덕산막걸리 양조장 벽에는 '국내최고막걸리' 같은
문구 대신 **이백의 시**가 적혀 있습니다.
'三盃通大道 一斗合自然(삼배통대도 일두합자연)
석 잔을 마시면 크게 통하고
한 말을 마시면 자연과 하나가 된다.'

사람은 효율과 논리만으로 움직이지 않습니다.
'운치'는 또 얼마나 큰 힘을 지녔습니까?
술맛 나게 하는 시가 있나요?
찾아서 한번 적어 봅시다.
술을 못 드시는 분이라도 적어 보세요.
예를 들자면 W. B. 예이츠W. B. Yeats의 '드링킹 송'이라든가.

'고객의 물건을 소중히 다루고 댁까지
안전하게 배송해 드립니다'라고
꼭 말로 표현할 필요는 없습니다.
택배회사의 로고가 이렇게 생겼으니까요.

새끼를 살짝 물어 옮기는 **엄마 고양이의 마음**으로.
야마토 택배회사ヤマト運輸입니다.

당신이 택배회사를 운영한다면
로고를 뭐로 만들겠습니까?
핀셋? 깃털? 펠리컨?

그 이유도 옆에 적어 두세요.

#154

철학의 모든 유파 중에 '소요학파'만큼
근사한 이름이 있을까요.
'소요'는 **천천히** 거니는 것을 뜻합니다.
걷기와 사색이 결합한 이름이지요.

오늘 창덕궁 후원에서 본
정자 이름은 '소요정'이었습니다.

1
5
5

Day | Month | Year | Weather |

'천천히 걷기' 학파라니요.

당신이 일상에서 가장 좋아하는
행위는 무엇입니까? 낮잠?

그 뒤에 '학파'를 붙여 봅시다.
그 학파는 무엇을 추구합니까?

김하나

제일기획, TBWA KOREA를 거치며 SK텔레콤, 현대카드, 네이버, 엑스캔버스, 메르세데스-벤츠 등 다양한 광고에 카피를 썼고 한국인 최초로 아시아태평양광고제에서 영로터스상을 수상했다. 2017년 3월까지 브랜딩 회사 BB&TT를 운영하며 tvN, 허핑턴포스트코리아, 숨37 등의 브랜딩에 참여했다. 《당신과 나의 아이디어》, 《내가 정말 좋아하는 농담》, 《힘 빼기의 기술》을 썼다.

이 책은 BB&TT에서 매일 트위터에 연재하던 아이디어 노트에 내용을 추가하고 삽화를 직접 그린 것이다. 연재에 도움을 주었던 동료 준에게 고마움을 전한다.

15°
미묘한 차이
___

1판 1쇄 발행 2017년 12월 21일
1판 2쇄 발행 2018년 1월 26일

지은이 김하나
펴낸이 고병욱

기획편집1실장 김성수 **책임편집** 장지연 **기획편집** 윤현주 박혜정
마케팅 이일권 송만석 황호범 김재욱 김은지 양지은 **디자인** 공희 진미나 백은주 **외서기획** 엄정빈
제작 김기창 **관리** 주동은 조재언 신현민 **총무** 문준기 노재경 송민진

펴낸곳 청림출판(주)
등록 제1989-000026호

본사 06048 서울시 강남구 도산대로 38길 11 청림출판(주) (논현동 63)
제2사옥 10881 경기도 파주시 회동길 173 청림아트스페이스 (문발동 518-6)
전화 02-546-4341 **팩스** 02-546-8053
홈페이지 www.chungrim.com
이메일 cr1@chungrim.com
블로그 blog.naver.com/chungrimpub
페이스북 www.facebook.com/chungrimpub

ISBN 978-89-352-1190-6 03320